엑셀강좌시리즈 ⑪

엑셀로 배우는
지역, 도시경제분석

비용편익분석 길라잡이

부록 CD 본문 속 엑셀 예제 수록

上田 孝行 | 편저

홍성희, 홍창국 | 역

씨
아이
알

집필자 일람

上田 孝行	東京大学 (공학박사)	1장, 6장
石川 良文	南山大学 (공학박사)	2장
小池 淳司	鳥取大学 (공학박사)	3장, 4장
石倉 智樹	東京大学 (정보과학박사)	3장, 4장
小林 優輔	株式会社價値総合研究所	3장, 4장
山崎 清	株式会社價値総合研究所 (공학박사)	5장
武藤 慎一	山梨大学 (공학박사)	5장
	(소속은 2009년 8월 기준임)	

上田 孝行
石川 良文, 小池 淳司, 石倉 智樹, 小林 優輔, 山崎 清, 武藤 慎一
Excel で学ぶ地域・都市経済分析 ―CD-ROM付―
株式会社 コロナ社

Takayuki Ueda
Yoshifumi Ishikawa, Atsushi Koike, Tomoki Ishikura, Yusuke Kobayashi,
Kiyoshi Yamasaki, Shinichi Muto

Regional and Urban Economics Analysis Using Excel
『Copyright © 2010 Ueda, Ishikawa, Koike, Ishikura, Kobayashi, Yamasaki, Muto
& Corona Publishing Co., Ltd. All rights reserved.

Korean translation rights arranged with Corona Publishing Co., Ltd. Tokyo, Japan
through BESTUN KOREA AGENCY, Seoul, Korea』

지역·도시

지역·도시 활성화는 어느 나라나 시대를 막론하고 사회의 중요한 관심사 중 하나이다. 특히 일본에서는 이를 위해 정책적으로 많은 공적예산을 투입해왔으며, 이에 따라 정책의 유효성에 대한 과학적·객관적인 평가가 사회적으로 강하게 요청되고 있다.

교통정비나 산업개발 또는 규제완화나 세제의 변화 등은 지역·도시 경제에 다양한 영향을 미치게 된다. 이 과정은 공간경제모형으로 표현되어야 하며, 정책의 효과도 모형에 실제 데이터를 사용하여 정량적으로 계측해야 한다. 이렇게 얻은 결과이어야 과학적인 정책입안 또는 정책평가를 한 것이라 할 수 있다.

본 서는 이러한 목적에 사용할 수 있는 지역·도시모형을 엑셀을 활용하여 분석·적용하는 기법을 설명하고 있다. 모형의 기본구조, 데이터의 정리방법, 수치해석, 결과를 해석하는 방법 등 필요한 지식에 대해 차례차례 설명하고 있으며, 엑셀을 활용하여 독자가 스스로 연습할 수 있도록 구성해놓았다.

본 서의 기본적인 내용은 저자들이 개최한 계절학기 '경제평가모형－여름학교'(2008. 09, 도쿄대학)를 위해 준비한 것이다. 그 후 내용에 대해 저자들이 논의를 거듭하며 연습서로써 다듬은 결과 오늘에 이르게 되었다. 본 서가 여러 곳에 활용되어 지역·도시정책의 과학적인 평

가를 정착시키는 데 일조한다면, 저자 모두에게 무엇보다 큰 기쁨이
될 것이다.

  본 서가 간행된 것은 코로나 사 여러분들께서 인내와 진심어린 마음으
로 협조해주신 덕분이다. 지면을 빌려 다시 한 번 감사 인사를 드린다.

2009년 8월

編著者 上田 孝行

본 서의

편자자인 上田 孝行 선생은 2009년 9월 19일 45세라는 젊은 나이에 생을 마감하고 말았습니다. 上田 선생은 일본의 공공사업평가 분야에 비용편익분석을 도입하기 위해 있는 힘을 다하여 노력하였으며, 특히 '확장비용편익분석'이라는 이름 아래 응용경제학에 의한 공공사업평가의 중요성을 계속 주장해왔습니다. 본 서는 선생이 기획하신, 2008년 9월 도쿄대학에서 개최된 젊은 연구자들을 위한 '경제평가모형 − 여름학교'의 교재를 기초로 집필한 것입니다. 근년, 선생은 미래를 담당할 젊은 연구자를 육성하는 일에도 깊이 관여하였으므로, 이 교재가 간행되는 것을 어느 누구보다도 기뻐하였습니다. 그런 선생께서 교재가 완성되어 출판되는 것을 보지 못하고 돌연 돌아가셨으니, 공동저자 일동은 실로 형언할 수 없는 심경에 놓이게 되었습니다.

여기 삼가 선생의 영전에 본 서를 올리는 것은 선생이 생전에 힘을 다하여 노력하신 일에 예를 갖추며, 진심으로 유감의 뜻을 전하고자 하는 것입니다. 선생은 항상 아름다운 국토를 실현하기 위해 과학적 방법을 채용하는 것은 물론, 현실의 문제에 세심한 주의를 기울이며 연구·교육, 그리고 사회활동을 전개해오셨습니다.

선생이 "엑셀로 배우는 지역, 도시경제분석"을 집필한 것을 계기로, 앞으로 계속 이어가는 것이 선생의 유지를 받드는 일이라 생각합니다. 또한 이 분야의 발전에 기여하는 것이 선생의 영혼을 편안하게 해드리

는 길이라 믿으며, 다시 한 번 上田 孝行 선생께 깊이 감사를 표하는
바입니다.

2009년 10월

공동 저자 일동

(대표 : 小池淳司)

학제 간

연구의 필요성에 대한 관심이 한창 고조될 즈음 우리는 이 책을 접하게 되었다. 일본 여행길, 서점에 들렀던 홍창국 교수(공학박사)의 눈을 『Excel で學ぶ 地域·都市 經濟分析』가 사로잡았기 때문이다. 공학박사들이 펴낸 경제분석 지침서라는 점이 각별했던 것이다. 우리는 지방대학의 교수이므로 지방/지역사회가 지닌 문제, 그중에서도 도로 등 사회간접자본과 관련된 문제에 대해 종종 논의해왔던 터라 이 책은 우리에게 신선한 충격과 함께 큰 기쁨을 선사해주었다.

우리나라도 일본과 다름없이 고속도로나 도로, 항만 등 사회간접자본이나 공공재 등 공공사업에 대해 비용편익분석을 한다. 그러나 생산주체(건설)가 공학자의 관점이라면 타당성 평가는 비용 – 편익이라는 도구를 사용하는 경제학자의 몫이다 보니 서로의 역할에 대한 이해가 현실적으로 쉽지 않아 늘 다양한 문제가 쌓이는 것을 경험한다. 이 책을 통하여 일본의 젊은 공학자들 중에는 경제학자 못지않게 산업연관분석에 대해 이해하고, 공공사업에서 유발되는 문제를 해결하기 위해 적절한 접근 방법을 제시하려는 노력을 아끼지 않는다는 것을 알게 되었다. 덕분에 우리는 경제학자의 문제의식을 공학자와 함께 구체화시키는 방안을 모색하기에 이르게 되었다.

또한 이 책은 우리 사회가 직면한 문제에 대해 올바른 해결책을 제시하는 데 도움을 줄 수 있다는 기대감을 갖게 되었다. 지자체는 2020 vision, 2030 vision 등을 발표하는데, 이때 예상 경제규모의 기본은 인구이다. 대부분의 지방도시는 저출산은 물론 인구유출로 인구감소가 필연적인 현실임에도 불구하고 미래 계획은 지속적인 인구증가를 가정한다. 우리는 현실에 기초한 계획만이 미래에 대한 바람직한 비전을 제시할 수 있다고 믿는다. 인적·물적 자원의 낭비를 줄여 지역 발전에 기여하는 바른 방법을 찾을 수 있기 때문이다. 이 책에 소개된 다양한 기법과 사례에는 이렇게 현실에 기초한 방법론이 제시되어 있으므로 정책입안자나 분석자 모두에게 도움이 될 것으로 생각되었다.

그리고 경제학자라 할지라도 해당 분야의 전공자가 아니면 쉽게 접근하기 어려운 문제를 공학자들이 엑셀로 손쉬운 활용방안을 제시해주었다는 점은 이 책의 활용도를 높이게 하는 중요한 점이라 생각한다. 실무적으로 필요한 전문가는 물론 경제학을 공부하는 학생들에게도 공학도들에게도 좋은 가이드 라인이 될 것이라는 믿음에 번역을 결정하게 되었다.

다소 미흡한 점이 많음에도 불구하고 흔쾌히 출판을 허락하시고 꼼꼼히 원고를 교정해주신 도서출판 씨아이알 박영지 편집장님께 지면을 빌려 감사 인사를 드린다.

2016년 10월

지흥골에서 홍성희, 홍창국 교수

C·O·N·T·E·N·T·S

CD-ROM 사용상의 주의

제**1**장

서 장

1.1 들어가는 말

일본에는 공공사업평가와 관련하여 이미 많은 지침(가이드 라인 또는 매뉴얼)이 정비되어 잘 활용되고 있다. 그중 대부분은 정형화된 고전적·전통적인 '비용편익분석'에 의거한 것으로, 사회기반시설의 직접적인 효과를 중심으로 평가하는 방식이다. 그러나 교통시설정비에 의해 교통비용의 감소로 대표되는 직접효과뿐만 아니라, 장기적으로 사회와 지역에는 산업입지가 조성되어 고용이 증대되고, 지역의 생산 및 소득이 증가하는 등 소위 간접효과가 발생하게 된다. 이러한 간접효과를 정량적으로 파악해야 한다는 요구가 많음에도 불구하고, 이를 위한 기법은 아직 정형화되어 있다고 할 수는 없다.

이 책은 경제균형모형을 이용하여 이와 같은 간접효과를 정량적으로 산출하여 공공사업평가에 적용할 수 있는 기법으로 자리매김하게 하는 한편, 그러한 사고방식과 활용 방법에 대하여 소개하는 것을 목적으로 한다. 이 책은 경제균형모형에서 대표되는 응용일반균형(computable general equilibrium, 이하 CGE)모형과 응용도시경제(computable urban economic, 이하 CUE)모형에 대하여 먼저 이들이 어떤 이론적인 배경을 기초로 하고 있으며, 어떤 정보를 산출해낼 수 있고 이 정보가 정책입안 및 결정 과정에 어떤 의미를 갖는가, 모형 적용에 필요한 데이터 등의 조건은 어떤가 등에 대해 상세히 다룬다. 그다음 실제 작성 방법이나 이용 방법 등 경제균형모형에 대해 실전 연습을 할 수 있도록 집필하였다. 다른 나라에 비해 일본은 이 모형들에 대해 이미 충분히 축적된 실적이 있을 뿐만 아니라 학술적으로도 상당히 높은 수준에 도달해 있다. 그러므로 이 책이 모형의 학술적인 발전뿐만 아니라, 실무에 정착할 수 있는 계기가 된다면 더없이 기쁜 일이 될 것이다.

본 장은 [上田 2005a][†], [上田 2005b] 및 [上田 2008]을 재구성하여 개정한 것임을 알려드린다.

1.2 사회기반정비 평가기법

사회기반정비에 대해 평가하는 기법은 경제사회에 존재하는 자원을 낭비하지 않고 이용한다는 의미에서 효율성을 평가하는 기법과 개인 간 또는 지역 간의 경제상태나 복지상태의 균형을 도모한다는 의미에서 공평성을 평가하는 기법으로 구분할 수 있다. 그러나 공평성은 일반적으로 구체적인 가치판단에

---

† [ ] 안의 소문자는 권말의 인용·참고문헌 번호를 나타낸다.

대해 광범위한 합의를 도출해내기 어려우므로 실제 정책평가에 정식으로 채택하기 어렵다.

현재 실무에서 사용하는 평가기법은 기본적으로 효율성 평가이다. 특히 교통 관련 분야에서는 교통수요예측을 기초로 하여 교통량과 시간·비용의 변화로부터 사회적 편익을 계측하는 기법이 표준이다. 지침, 가이드 라인, 매뉴얼 등에 표시되어 있으며, 정형화된 방법이라 할 수 있다. 이 방법은 정비된 사회기반시설이 생성해내는 서비스에서 착안하였다는 뜻으로, '효과발생 베이스 평가기법'이라 한다.

이에 대하여 발생한 효과가 여러 가지 경제활동에 파급되어 머지않아 지역의 고용 및 생산에 변화를 일으키게 되는 경우, 이러한 효과를 측정하는 방법은 '파급·귀착 베이스 평가'라 한다. 이 분야에서 어떤 기법들은 이론체계로는 잘 정리되어 표준화되어 있으나, 실제 사업평가에 적용하기 어려운 경우도 있다. 즉, 아직 정형화되었다고 할 수 없는 것이다. 그중에서도 파급·귀착효과를 국토·지역·도시라는 공간적 관점에서 분석하는 방법은 일반적으로 너무 많은 수고와 예산이 소요되므로 적극적으로 대처하여 정형화된 평가기법을 정착시켜야 할 것이다(그림 1.1).

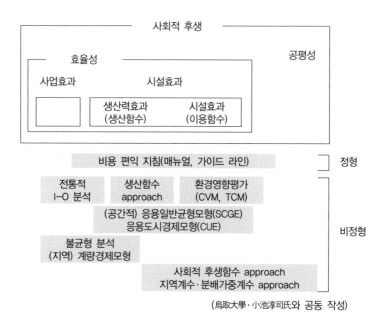

그림 1.1 대표 평가기법의 상호관계

1.3 간접효과와 지역의 변화

1.3.1 계량의 필요성

교통기반시설의 정비는 지역의 변화를 초래하는 간접효과의 전형적인 사례이다. 정비 전후 지역의 항공사진이나 지도를 비교해보면 철도나 도로연변의 토지이용이 크게 변화하여 지역이 얼마나 영향을 받았는지 실감할 수 있다. 이와 같이 눈에 보이는 변화는 사회경제활동의 변화가 투영된 것이므로 보다 엄밀히, 특히 정량적으로 파악하려면 인구, 고용, 생산액, 소비액, 판매액, 토지면적, 가격 등 경제통계의 수치 변화로 나타내야 한다. 그림 1.2는 도로정비가 교통량의 증대뿐만 아니라, 관련 지역의 부동산 개발을 촉진하는 것을 보여주는데, 이것이 간접효과의 전형이다. 직접효과는 교통정보로부터 측정되는 데 반해, 간접효과는 부동산 시장의 정보에 주목하여 계측할 수 있다.

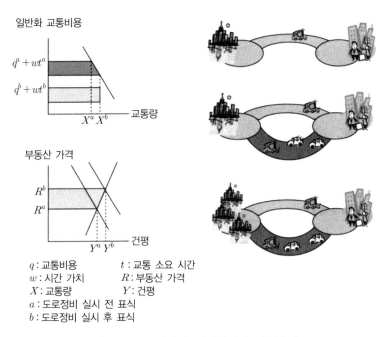

q : 교통비용   t : 교통 소요 시간
w : 시간 가치   R : 부동산 가격
X : 교통량   Y : 건평
a : 도로정비 실시 전 표식
b : 도로정비 실시 후 표식

그림 1.2 도로정비의 직접효과와 간접효과

이와 같은 목적에 이바지하는 분석도구가 이 책에서 해설하는 경제균형모형이다. 대표적으로 공간적 응용일반균형(spatial computable general equilibrium, SCGE)모형과 CUE 모형은 경제통계 수치로 파악되는 사회경제활동을 망라하여 묘사한 것으로 특히 국가·지역·지구 등 단위로 산출할 수 있기 때문에 공공사업의 효과를 공간적인 분포로 보여줄 수 있다. 또한 산업과 생활 또는 재정에 이르기까지 각 부문에서 경제 주체(이해관계자)별 효과를 파악할 수 있

다. 공공사업이나 관련 정책이 지역마다 여러 분야와 얽혀 경제 주체에 영향을 미치는 경우 지역별·주체별로 그 영향을 파악하는 것은 대단히 중요한 일이다. 사업이나 정책에 대해 합의를 도출해야 하거나 부담을 적절하게 배분하는 일 등 협조를 구해야 할 때 반드시 필요한 정보라 할 수 있다.

1.3.2 계량 방법

공공사업의 간접효과를 파악하고자 하는 시도는 결코 최근의 일이 아니다. 일찍이 19세기 프랑스에서 비용편익분석에 대한 기초이론이 싹튼 시기(栗田, 1991)부터 많은 논의가 시작되었다. 실제 데이터를 이용하여 어떤 확립된 방법에 따라 측정하고자 하는 경우는 당연히 데이터가 축적되어 있어야 하므로, 지역 간 산업연관분석이 가장 적절하다. 4단계 추정법에 기초한 교통수요예측이 세계적으로 보급되면서 일본에서도 교통의 발생·집중원으로 토지이용 혹은 그 투영체로서 도시경제활동의 변화를 예측하는 기법이 토지이용 교통상호작용모형이라는 일련의 연구(Webster, 1988)로 발전하였다. 이 연구는 교통정비가 도시구조를 변화시키는 과정을 정량적으로 표현하는 것으로 1980년대 초에 크게 주목을 받았다.

그 후 교통 분야에서는 네트워크 균형을 다루는 수리모형이 발전하였고 로짓 모형으로 대표되는 이산선택행동이 실제 분석기법으로 빠르게 보급되어 수리분석이 한층 정교하고 치밀해졌다. 한편 토지이용을 분석하는 모형은 도시경제이론을 이론적 기초로 하고 교통 분야의 수리모형을 수용하여 발전시켰다. 토지이용 교통상호작용모형의 흐름은 현재 CUE 모형으로 표준형[上田, 堤 1999], [上田, 堤, 武藤, 山崎 2008]을 형성하기에 이르렀다(표 1.1).

표 1.1 일본의 응용도시경제모형 개발현황

모형		논문	실증분석 대상 지역				대상 시책
			대상 지역	면적 (km²)	인구 (천 명)	존수 (모눈 크기)	
양측이산선택모형 (double-side discrete choice model : DSDC 모형)		[Hayashi and Doi 1989], [林, 土井 1988], [林, 土井, 奧田 1989]	나고야 도시권	2,170	약 5,400	12	교외철도정비
		[Hayashi and Tomita 1989]		2,170	약 5,400	14	교통시설
이산연속토지수요모형 (discrete-continuous land demand model : DCLD 모형)		[Morisugi, Ohno and Miyagi 1992], [Morisugi, Ohno and Miyagi 1993], [森杉, 大野, 宮城 1991], [大野 1993]	기후시	1,315	1,264	12	도로망 정비
RURBAN 모형 (random utility/rent-bidding analysis model)		[Miyamoto and Kitazume 1990]	삿포로 도시권	약 1,100	약 1,500	1km 단위	교통시책
		[Miyamoto, Noami, Kuwata, and Yokozawa 1993]	삿포로 도시권	약 1,000	약 1,600	1km 단위	교통망 정비 및 토지이용 규제
		[Miyamoto, Vichiensan, Sugiki, and Kitazume 2007]	삿포로 도시권	3,348	2,323	8,025	지하철정비
건물수급균형모형 (building demand-supply balancing model : BDSB 모형)		[Ueda, Hiratani and Tsutsumi 1993], [平谷, 中村, 上田, 堤 1993], [上田 1992]	히로시마	740	1,086	8	신교통 시스템
		[Ueda, Tsutsumi and Nakamura 1995]	도쿄 도시권 (북동부)	약 1,900	약 2,300	12	철도정비
연속이산토지공급모형 (continuous-discrete land supply model : CDLS 모형)		[Yoon, Aoyama, Nakagawa and Matsunaka 2000, 2003], [尹, 青山, 中川, 松中 2000]	교토시, 시가현	4,628	2,751	65	도로정비
신응용도시경제모형 (neo computable urban economic model family : NCUE 모형)	하천시책 평가 CUE (R-CUE)	[Takagi and Ueda 2001], [高木, 森杉, 上田, 西川, 佐藤 1996], [高木, 武藤, 太田 2001]	강변유역 (기후시)	60	66	1km × 1km	홍수대책
	G-CUE 모형	[Takagi and Ueda 1999], [Muto, Takagi and Ueda 2003], [武藤, 上田, 高木, 富田 2000], [武藤, 秋山, 高木 2001], [田口, 武藤, 秋山, 高松 2001], [武藤, 上田, 高木 2001]	기후시	252	469	47	현상도로정비
	VM-CUE 모형	[Muto, Ueda, Yamaguchi and Yamasak 2004], [Yamasaki, Ueda and Muto 2007], [Yamasaki, Ueda and Muto 2008]	도쿄 도시권	15,000	34,860	197	3환상도로정비, 용적 완화, 혼잡세, 철도요금 인하, 철도정비

한편 경제학에서는 중심이론인 왈라스적 일반균형이론에 실제 데이터를 이용하여 계산 가능한 모형을 구축하려는 연구가 활발하게 전개되었으며, 균형해의 탐구 알고리즘이 계산기의 성능 향상에 힘입어 실용 단계에 이르렀다.

이 성과는 CGE 모형으로 체계화되었으며, 여러 지역을 아우르는 구조로 발전된 것이 SCGE 모형이다(그림 1.3).

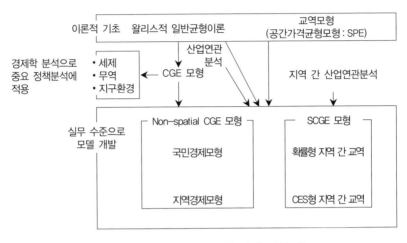

그림 1.3 일본의 CGE 모형 발전 경위 개요

CUE 모형과 SCGE 모형은 미시경제학의 기초(microeconomic foundation) 위에 구축되어 모두 균형 개념이라는 이론적 정합성을 가지고 있다. 따라서 이미 지침으로 정착되어 있는 전통적인 비용편익분석과 이론적으로 일치하므로, 편익 산정에 이용할 수 있다. 이런 점에서 종래의 간접효과의 계량기법보다 이론적인 완성도가 높다 하겠다.

이상과 같은 이론적인 발전과정은 그림 1.4에 정리해두었다. 모든 방법이 최적화 기법과 균형 문제라는 수리모형을 중심으로 체계화가 진전되고, 발전하면서 상호의 정합성이 보다 정교하고 치밀해졌다. 균형모형을 만들고 적용하는 전문가가 되려면 이와 같은 기본적인 기법에 정통해야 한다는 것은 필수요건이라 하겠다.

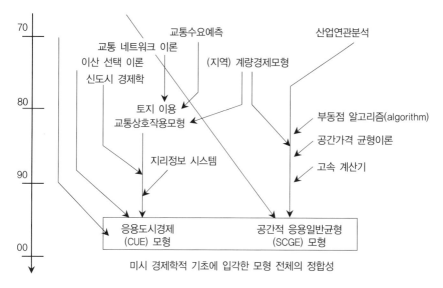

그림 1.4 일본 공공사업평가 경제균형모형의 발전

[Ueda, Tsutsumi, Muto and Yamasaki 2009]

1.3.3 국토· 지역· 도시계획에 대한 공헌

이 책에서 소개·해설하는 경제균형모형은 공공사업이나 관련 정책의 간접 효과를 공간적으로 파악하는 데 초점을 맞추었다. 따라서 국토·지역·도시 등 각각의 수준에서 공간계획에 필요한 정보를 제공하는 것을 하나의 역할로 본 다. 최근 경제사회 상황에 입각하여 국토·지역·도시의 정책적 과제를 반영하 기도 한다. 여기에서 중요한 논점(관점)으로는 경제균형모형이 산출하는 정보 가 직접 기초적인 정보로 유용한 경우도 있고, 가공하는 것이 유용한 경우도 있다는 점이다. 물론 몇 가지 논점은 경제균형모형에서 다루는 범위를 넘어서 는 경우도 있다.

이 책에 소개된 적용 실적이 있는 모형들은 국제적 차원으로부터 지역 수준에 이르기까지 다양하다. 이와 같이 각각의 모형이 산출한 결과가 공간계획에 공헌할 것으로 기대한다.

1.4 경제균형모형을 이용한 분석의 향후 동향

앞으로 경제균형모형이 발전해갈 방향은 다음과 같이 예상된다.

첫째, 신경제지리학(new economic geography)이라 불리는 분야로 산업과 인구의 집적이 초래하는 이익에 초점을 맞춘 이론과 모형이 발전할 것이다. 특히 이와 같은 사고방식은 유럽의 경제균형모형에 반영되어 있다. 그러나 이 것이 성공적인가 혹은 그렇지 않은가 또한 일본의 경제구조라는 측면에서 볼 때 어느 정도 의의가 있으며 특히 공공사업평가 부문에 정말 중요한가에 대해서는 아직 명확하지 않다.

둘째, 지역 간의 균형과 공평성 평가에 응용한다. 공간효과를 포착한다는 것은 효과의 편재(偏在)나 격차를 분석하는 것과 같다. 앞서 서술한 바와 같이 공평성에 대한 평가는 쉬운 일이 아니지만, 공간균형모형에 의해 효과의 분포를 파악하는 것은 어떤 방법으로 지역 간 공평성을 평가하든 가장 기초적이면서 중요한 정보를 제공해준다. 이런 방향으로 공공사업평가는 적극적으로 추진되어야 할 것이다.

셋째, 사회기반시설의 각 부문을 아우르는 정책·사업의 평가에 적용한다. 도로와 항만, 철도와 공항 등 교통기관의 연계 또는 산업발전과 간선정비와 같은 횡단면적인 정책의 평가를 공간균형모형의 플랫폼으로 시도하는 것이다. 특히 정책의 전체적인 효과를 이와 같은 기법에 의해 평가하는 것은 큰 의미가 있을 것으로 생각된다.

1.5 균형모형에 대한 비판과 답변

1.5.1 비판과 답변의 필요성

이 책에서 설명하고 소개하는 경제균형모형은 미시경제학에 기초를 둔 것이다. 미시경제학 자체에 비판 근거를 둔 것을 포함하여 경제균형모형에 많은 비판이 쏟아지고 있다. 그중에는 오해나 이해 부족에 기인한 것도 있지만 향후 경제균형모형의 발전을 위하여 겸허히 귀 기울여야 할 비판도 많다.

이 책이 경제균형모형을 보급·발전시키는 것을 목표하는 한 지금까지 경제균형모형에 대해 가해진 비판 중 가장 전형적인 비판 몇 가지에 대해 답하고자 한다. 왜냐하면 그것이 전문가의 책무 중 하나라고 생각하기 때문이다. 비교적 빈번히 제기되는 비판 중에서 중요하다고 생각되는 4가지를 선택하여 답할 것이다.

1.5.2 전형적인 비판과 응답

(1) 균형의 현실성

경제균형모형에 관해 해설할 때 가장 흔히 받는 '비판 1 : 현실에서 경제는 균형되지 않는다!'라는 비판이다. 균형이란 일반적으로 경제사회 시스템에 속해 있는 어느 경제 주체도 더 이상 자신의 행동(선택)을 변경할 유인을 갖지 않은 상태라고 정의한다.

예를 들어 교통 네트워크의 균형상태란 어떤 이용자도 현재 이용하고 있는 경로보다 교통비용(시간도 포함)이 적은 다른 경로를 찾을 수 없는 상태라고 정의할 수 있다. 이것은 워드롭(Wardrop)이 제시한 균형 개념이다. 이 개념에 기초한 도로 교통량의 예측기법(토목학회, 토목계획학회 위원회편, 1998; 2003; 2006)은 일본에 이미 정착되어 있고 머지않아 표준화될 것이다. 경제학에서 균형이란 소비자는 자신이 바라는 상품이나 서비스만 시장에서 구입하고, 생산자는 자신이 판매하고자 하는 수량만 제공하는데, 어떤 가격에서 집계된 수요량과 공급량이 일치하여 과부족 없이 거래가 이루어질 수 있는 상태 또는 이와 같은 가격이 결정되는 상태라고 정의한다.

이와 같은 균형 개념은 일종의 이상적인 상태이며 현실에서 실제 관측할 수 있을 정도로 지속될 수 없다. 그러므로 균형이란 복잡하여 시시각각으로 변화하는 시스템의 양태를 어떤 한 상태에서 대표로 취하기 위한 약속과 같은 것이다. 우리는 바다에 파도가 치고 또 간만에 의해 수위가 변한다는 것을 잘 알고 있다. 해면이 완전히 평평해지는 상태를 실제로 관찰한 사람은 없지만 해수면을 일종의 약속으로 정의하고 그것을 기준으로 표고를 측정하며 경우에 따라 해면 상승에 대한 정책을 논의하기도 한다(그림 1.5). 그런 의미로 균형이란 복잡하게 변화하는 시스템을 대표적으로 파악하기 위한 역할을 담당하게 하는 것 또는 아직 실현된 것은 아니나 다른 개념에 의해 시스템의 상태를 대표하게 하려는 것일 수도 있다.

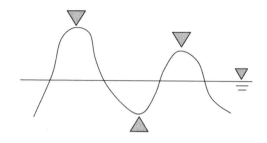

그림 1.5 대표 현상으로서의 균형상태(예 해수면)

(2) 분석의 자의성

경제균형모형은 다른 분석기법에 비해 규모가 방대하고 구조가 복잡하다. 이점에 대하여 '비판 2 : 모형이 복잡하므로 자의적인 결과를 얻게 된다!'라는 비판이다.

복잡한 모형은 모형에 포함된 파라미터의 수가 상당히 많고 변수 상호 간의 관계도 좀처럼 파악하기 어렵게 되어 있다. 경제균형모형에서 변수 간의 상호관계는 이론적인 구조에 의해 구속되어 있으므로, 자의적인 구조라 할 수는 없다. 그러나 분석결과 산출된 수치를 어떤 의도에 근접시키기 위해 파라미터의 설정을 조작하는 등의 일이 사실 불가능한 것은 아니다. 이 점은 자의적일 수 있다는 비판을 받을 소지가 있다. 이 문제를 시정하려면 적용 실적으로, 분석을 거듭하며 객관적인 분석이 어떤 유형의 전형적인 예를 형성해가는지 파악하고, 동시에 분석방법, 사용 데이터, 분석결과 등 모든 것을 공개하여 균형모형의 표준형을 정착시켜가는 과정이 반드시 필요하다. 이러한 방법이 정착되면 표준형과 비교할 수 있으므로 자의적인 분석을 배제시킬 수 있을 것이다.

(3) 작업 노력

경제균형모형을 작성하고 실제 적용하여 도출한 결과를 음미하는 프로세스는 데이터 환경이 정비되어 있는 경우라 할지라도 적어도 몇 개월이 걸린다. 모형의 기본구조부터 논의하고 데이터도 스스로 정비해야 하는 경우에는 수년이 걸리는 사례도 드물지 않다. 이 점에 대하여 '비판 3 : 균형분석을 하는 데 시간과 돈이 너무 많이 든다!'라는 비판이다.

많은 노력이 드는 것은 사실이고, 또 장기에 걸쳐 많은 예산이 필요한 경우도 있다. 그러나 그럴 만한 가치가 있는가에 대한 비판은 분석에 의해 얻어지는 정보의 가치와 비교하여 평가해야 한다. 사업이나 정책의 효과 또는 손실이 수백억 단위 이상임을 고려한다면, 문제를 확인하고 바른 의사결정을 하기 위하여 1% 정도 분석비용을 지불하는 것은 오히려 합리적이다.

또한 균형분석이 향후 분야마다 다양하게 시도된다면, 경험의 축적과 데이터의 공유화가 진전되어 분석에 필요한 노력이 훨씬 수월해질 것이다.

(4) 이해의 어려움

경제균형모형의 기초가 되는 이론은 누구나 간단히 이해할 수 있는 것이 아니다. 그러므로 분석 작업은 전문가에게 맡겨야 한다. 정책입안과 관계되는 여러 실무 분야에서 제기하는 비판으로 '비판 4 : 일반인이 이해하기 어렵다!'라는 점이다.

어떤 정책이든 설명해야 할 책임이 따르는 오늘날, 설명은 할 수 있는 한 이해하기 쉬워야 한다는 주장은 당연하다. 물론 본래 설명하기 쉬운 것을 그렇게 하지 않는 것은 커뮤니케이션의 효율을 저하시키므로 옳지 않다. 따라서 경제균형모형에 대해서도 설명하기 쉬운 부분은 그렇게 할 수 있어야 하므로 이를 위해 부단한 노력이 필요하다.

그러나 이해하기 쉽다는 것은 설명을 듣는 측의 지식이나 이해력에도 의존하며, 일반적으로 모든 문제에 대하여 누구나 충분히 준비할 수는 없다. 그렇기 때문에 국민·주민의 신뢰를 받는 전문가에게 과제를 담당하게 할 수 있다. 경제균형모형도 충분히 이해하려면 전문적인 훈련이 필요하다. 따라서 일반인이 이해하기 쉽지 않은 부분이 많으므로 설명을 듣는 편에 있는 국민·주민의 이해를 대표하는 전문가를 위임하여 이해시키는 것도 방법이 될 것이다. 이처럼 전문가를 사회적으로 양성하는 것도 상당히 중요한 일이다.

이 외에도 경제균형모형에 대해 가해지는 비판이 많지만 많은 적용실적으로 각 모형은 나름대로 유용한 정보를 산출해왔다. 경제균형모형은 일찍이 실전에 임할 준비단계를 마쳤다고 할 수 있다. 이제는 모형의 신뢰도를 높여 사회적으로 수용할 수 있는 분석도구가 되는 단계가 되어야 한다. 이 책이 계기가되어 경제모형에 의한 정책평가가 실무에 더욱 정착되고 동시에 발전에 박차를 가하기를 진심으로 기원하는 바이다.

제**2**장

산업연관분석과 경제통계

제 2 장

산업연관분석과 경제통계

2.1 들어가는 말

산업연관분석은 일반균형이론을 실증하기 위하여 레온티에프(W. Leontief)가 처음 개발한 경제분석도구이다. 기본 데이터가 산업연관표(Input－Output Table)이며, 오늘날 CGE 분석모형 구축에 기본 균형 데이터로 활용된다.

산업연관표는 산업 부문 간의 거래에 초점을 맞춘 통계표이므로, 그 자체로는 기업, 가계, 정부 등 부문이나 생산요소로 노동 및 자본 등 부문 간 지불과 수취 등 거래관계에 대해 충분히 알 수 없다. 이에 대해 분배면, 지출면 등 상호의존관계까지 포함하는 사회경제 순환을 체계적으로 정리한 데이터 시스템이 사회회계표(Social Account Matrix, SAM)이다. SAM 이외에 국민계정체계(System of National Accounts, SNA)를 행렬로 나타낸 것이 국민계정행렬(national accounting matrix, NAM), 현민(縣民)경제통계를 행렬로 표시한 것을 지역 NAM이라 부르는데, SAM에는 NAM이 포함되어 있으므로 이 책에서는 SAM을 중심으로 설명한다. SAM은 산업연관표를 편성해주며, 의미상 산업연관표의 확장이라 할 수 있다. 그러므로 SAM은 산업연관표와 같은 모양이며 CGE 모형의 기준균형 데이터로 이용하기 때문에 본 장에서는 먼저 CGE 분석에 적용할 데이터라는 점을 염두에 두고 산업연관표와 SAM의 구조를 설명한다.

특히 산업연관표를 이용한 경제모형의 첫 단계이므로 전통 산업연관모형부터 설명한다. 레온티에프에 의한 산업연관분석은 가격과 수량을 동시에 결정하지 못하며 간결하게 축소된 경제의 상호의존관계를 모형화한 것이지만, 복잡한 CGE 모형을 구축하는 데 중요한 구조를 제공하고 있다. 그런 의미에서 현재 개발되어 있는 CGE 모형은 레온티에프에 의한 산업연관모형의 발전형이라 하겠다.

2.2 산업연관표와 사회회계표

2.2.1 산업연관표

산업연관표는 1930년대에 레온티에프에 의해 개발된 경제표로 각 산업부문의 투입구조와 산출구조에 착목한, 소위 국민경제 또는 지역경제에 대한 개요도이다. 레온티에프는 1919년 미국 경제를 대상으로 독자적으로 이 작업을 수행하였고, 그 후 미국 노동통계국의 지원을 받아 1939년의 미국 산업연관표를 1944년에 완성하였다. 그 후 미국뿐만 아니라 전 세계의 여러 나라와 지역에서 작성하였으며, 일본에서는 1951년 산업연관표가 처음 작성되었다. 1955년 표부터는 5년마다 관계기관(府省廳)이 공동으로 작성하여 국민계정체계 중에서 가장 중요한 위치를 차지하는 통계가 되었다.

산업연관표는 앞에서 서술한 바와 같이 산업을 생산단위로 하는 생산기술의 관점에서 국민경제 내지 지역경제의 순환구조를 수량적으로 보여주는 경제표이다. 레온티에프가 산업연관표를 작성하여 모형화한 것은 왈라스(L. Walras)의 일반균형이론을 통계자료에 의해 실제 경제문제에 적용해보려는 의도에서 개발한 것이다. 이러한 응용가능성이 최근에는 전통적인 산업연관분석 이외에도 CGE 분석의 기초 자료로 널리 활용되게 하였다.

2.2.2 산업연관표 읽기

산업연관표는 영어로 Input－Output Table이라고 부르는 것처럼 재화·서비스의 투입과 산출에 대한 구성을 나타낸다. 그림 2.1은 한 나라를 대상으로 한 산업연관표의 서식으로 좋(열)방향으로 보면 각 산업이 제품을 산출하기 위해 어느 부문으로부터 무엇을 조달하여, 얼마나 비용이 들었는가 하는 비용구조를 명확히 보여준다.

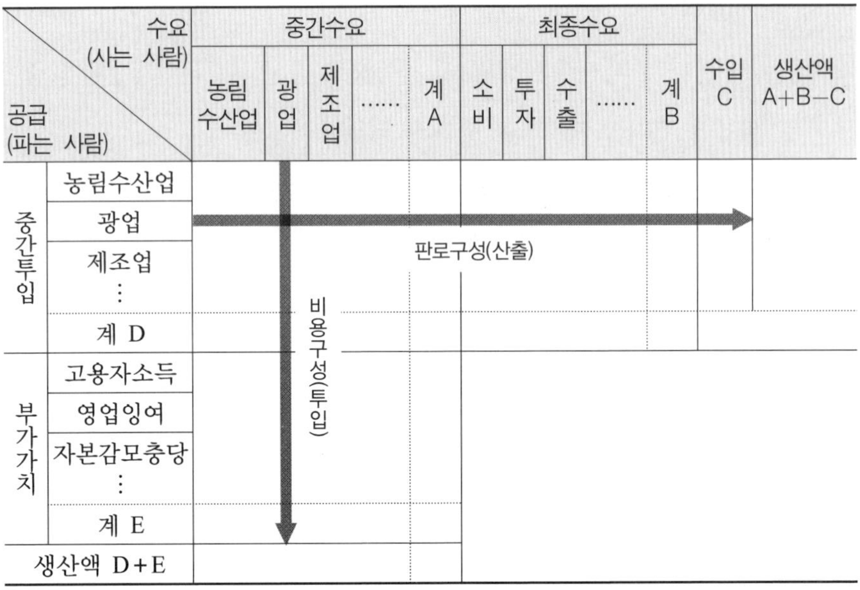

수요 (사는 사람) ／ 공급 (파는 사람)	중간수요					최종수요					수입 C	생산액 A+B−C
	농림수산업	광업	제조업	……	계 A	소비	투자	수출	……	계 B		
중간투입 농림수산업												
광업					판로구성(산출)							
제조업												
⋮												
계 D												
부가가치 고용자소득												
영업잉여												
자본감모충당												
⋮												
계 E												
생산액 D+E												

비용구성(투입)

그림 2.1 산업연관표의 서식

횡(행)방향은 각 산업이 생산물을 어느 부문에 얼마나 제공하였는가 하는 판매구성을 보여준다. 종방향의 비용을 더하면 투입액 합계로서 생산액이 되며, 횡방향은 각 부문 수요 합계로 생산액이되므로 각 산업의 행방향의 합과 열방향의 합은 일치한다.

열방향의 비용구성과 행방향의 판로구성은 다음과 같다.

[열방향 : 비용구성]

생산액 = 중간투입 + 부가가치 = 총투입액

[행방향 : 판로구성]

생산액 = 중간수요액 + 국내최종수요액 + 수출액 − 수입액 = 총산출액

표 2.1은 일본의 2000년 13부문 산업연관표이다. 왼쪽 첫 번째 열의 농림수산업은 해당 부문에서 1조 5,584억 엔, 제조업에서 2조 4,627억 엔, …을 구입하였고, 원재료비로 6조 2,948억 엔이 소요되었다. 또 임금, 농기구 등 감가상각비(총칭하여 부가가치라 함)가 8조 748억 엔, 총계 14조 3,696억 엔이 지불되었다.

한편 횡방향으로 읽으면 농림수산업은 자체적으로 1조 5,584억 엔, 제조업에 8조 4,271억 엔, …을 판매하고, 산업 부문에서 합계 11조 4,831억 엔 판매하였다는 것을 알 수 있다. 또 가계 등에 직접 판매한 부분(민간최종소비) 등 국내최종수요는 4조 9,331억 엔이다. 국내의 중간수요와 최종수요뿐만 아니라 해외에 720억 엔의 수출 수요가 있으므로 수요의 합계는 16조 4,883억 엔이다. 수요에는 관세 포함 2조 1,186억 엔의 수입 수요가 포함되어 있으므로 총 국내산출은 14조 3,696억 엔이 된다.

表 2.1 2000년(평성 12년) 산업연관표—생산자가격표(13부문)

(단위: 백만 엔)

부문	01 농수산업	02 광업	03 제조업	04 건설	05 전기·가스·수도	06 상업	07 금융·보험	08 부동산	09 운수	10 통신·방송	11 공무	12 서비스	13 기타	33 내생부문계
01 농수산업	1558469	523	8427170	152054	2019224	3192590	1262918	162203	6093688	461873	0	19268568	349908	11483153
02 광업	209	3490	7357215	673921	1680348	548218	150273	2843296	479129	173935	0	717905	988	10059677
03 제조업	2462740	93066	122867240	21578941	1258735	1226215	12123273	9212928	25014489	8848324	2896594	82322608	383742	191370775
04 건설	80907	9079	1287131	199012	1623262	1413088	190918	62688	1012804	318342	569060	4676456	66691	18102356
05 전기·가스·수도	91925	43120	6338327	539282	391923	4927713	2872028	3298307	14807571	95723	1036733	8346367	84146	34568771
06 상업	665900	23263	16255898	4942882	761242	2861601	609139	407838	2593539	503522	451052	5834911	955849	27638188
07 금융·보험	502498	66025	4018646	864685	241620	4640888	728274	146483	3046199	376194	100096	2668995	49316	9127828
08 부동산	6102	12305	892762	269144	715659	2519599	829310	98243	1647082	504229	1122886	6876579	208141	30525482
09 운수	619322	379368	8238641	3988383	142789	4648888	728274	360614	214791	728341	504229	-1509695	117956	14198691
10 통신·방송	12029	8986	1118441	938648	142789	2519599	829310	-204616	-214791	-7899	60442	136905013	708777	708777
11 공무	0	0	0	0	0	0	0	0	0	0	0	0	0	0
12 서비스	213630	62397	23060229	6397854	2754328	6345219	4997501	1704090	6683970	3640706	2758764	19268568	349908	78237164
13 기타	81124	20449	1668648	307787	14913	626861	257147	270230	100895	101592	17939	717905	988	404490
33 내생부문계	6294855	722071	201530348	40852293	11715585	28310968	12123273	9212928	25014489	8848324	9531312	82322608	2925514	43904568
35 가계외소비지출	97266	69189	5608022	1288317	540588	2341682	1254548	22069	1012804	1357544	604090	4676456	94610	19171185
고용자소득	1275384	156013	53108664	26795496	4715439	47256767	12493059	2366098	14807571	5859804	8848324	89639582	271552	275589148
영업잉여	4670721	123846	16859941	1400384	3510738	9980199	90016946	29631097	2593539	1543764	5859804	16721961	438433	96523734
자본감모충당	197231	68619	16768869	4059051	5030564	4801766	3432438	20667516	3046199	3809608	9479097	20300130	425732	93350047
(간접세)	713713	-9865	14974895	3255167	1744412	4488556	1469203	3953570	1647082	728341	60442	6876579	58683	40039262
(공제)경상보조금	-179481	-9865	-597513	-340179	-252956	-232313	-1639983	-204616	-214791	-7899	-1509695	-1509695	-2193	-5191484
조부가가치부문계	8074834	656581	106630878	36458236	15288785	68636657	26026211	56639734	22892402	13291162	26694582	136905013	1286817	519481892
국내생산액	14369689	1378652	308161226	77310529	27004370	96947625	38149484	65852662	47906891	22139486	36225894	219227621	4212331	988886460
국내총투입	7077568	587392	101022856	35169919	14748197	66294975	24771663	56413665	21879598	11933618	2699049...	132228557	1192207	500310707

[2000년(평성 12년) 산업연관표종합해설편]

2.2.3 산업연관표의 구성과 부분 개념

산업연관표는 그림 2.1에서 보는 바와 같이 크게 나누어 중간수요 부문과 중간투입 부문으로 구성되며, 중간투입 부문은 내생 부문, 최종수요 부문, 부가가치 부문 등 세 부문으로 구성되고 최종수요 및 부가가치 부문은 내생 부문에 대하여 외생 부문이라 한다.

행방향과 열방향이 만나는 곳의 내생 부문은 재화·서비스의 산업 간 거래 관계를 나타내며 산업연관표의 중심이 된다. 최종수요 부문과는 각 산업에 원자재로 팔린 것 이외의 판로이며 최종적으로 수요하는 소비, 투자, 수출 등으로 구성된다. 또 부가가치 부문은 재화나 서비스의 생산을 위해 필요한 노동 및 자본을 표시한 것이다.

이와 같이 산업연관표는 중간생산물의 상호거래관계를 포함하는 생산활동 으로부터 최종생산물의 소비까지 대상으로 하며, 산업을 세분화할 수 있어 앞에서 설명한 것처럼 여러 가지 분석을 할 수 있다.

세분화된 부문 분류는 다른 산업에서 대체할 수 없는 유일한 생산물을 생산 한다는 전제하에 투입계수의 안정성을 확보하기 위해 활동기준(activity base)[†] 의 분류를 원칙으로 하고 있으나, 실제는 통계자료의 제약 때문에 상품 분류에 가까운 부문 분류가 되고 있다.

최종수요 부문의 내역은 가계외 소비지출, 민간소비지출, 일반정부소비지출, 국내총고정자본 형성, 재고순증이며 가계외 소비지출은 후생복지비, 교제 및 접대비 등 소위 '기업소비'를 가리킨다. 국민계정 또는 현민경제통계에서 가계

[†] 역자 주: 제조간접비를 제품에 배부하기 위한 기준으로 사용되는 생산활동, 책임 회계에 있어 특정한 조직단위의 계획·통제의 기초로 선택된 활동기준.

외 소비지출은 기업이 생산활동을 하는 동안 직접 사용하는 영업경비이므로 부가가치 또는 최종수요 부문에 포함시키지 않는다. 산업연관분석이나 CGE 분석을 할 때, 일본 산업연관표에서 가계외 소비지출은 영업잉여의 일부로써 외생부분으로 처리한다는 점에 주의해야 한다.

민간소비지출은 가계소비지출과 대가계민간비영리단체의 소비지출이며 가계소비지출은 가계의 재화·서비스에 대한 경상소비(토지건물 이외의 지출)이다. 한편 대가계민간비영리단체 소비지출은 사립학교 등 가계에 서비스를 제공하는 부문의 소비이다. 또 일반정부소비지출은 공무, 국공립학교 등 정부 서비스 생산자에 의해 소비되는 것이며, 총고정자본 형성은 민간 및 정부에 의한 유형고정자본의 구입 및 대체 등이다. 산업연관표는 유량 데이터(flow data)이므로 총고정자본 형성에 지대는 포함시키지 않으나, 중개수수료, 조성비는 계상된다. 최종수요 부문의 나머지 항목에 있는 재고순증은 기업이 소유한 생산자 제품재고, 반제품, 제조공정 중인 재고, 유통재고, 원재료재고 등 물량 증감을 연간 평균가격으로 평가한 것이다. 수출과 수입은 해외 거래를 표시한 것으로 일본의 산업연관표에는 국내최종수요 부문에 이어 표시되어 있다.

부가가치 부문의 가계외 소비지출은 최종수요 부문의 가계외 소비지출과 같으므로 고용자소득에서 해설할 것이다. 고용자소득은 고용주의 지불에 근거를 둔 고용자에 대한 급여 등 지불액이며, 고용주가 부담하는 사회보험료, 퇴직금 등이 포함된다. 자본감모분에는 고정자본에 대한 감가상각과 우발손해가 포함되며 일본의 산업연관표에는 2000년부터 도로, 댐 등의 사회자본감모도 새롭게 계상되어 최종수요 부문에서 정부최종소비에 포함된다. 간접세·보조금의 경우 예를 들어 국세는 소비세, 지방세는 사업세, 고정자본세 등이 있으며, 보조금은 산업진흥을 위하여 정부가 산업에 급부하는 것이다. 일본의 산업연관표에서 관세, 수입품소비세는 부가가치 부문의 간접세에 포함시키지 않고, 최종수요 부문의 수입(輸入)을 나타내는 곳에 마이너스(공제를 의미한다)로 표시한다. 마지막으로 영업잉여는 부가가치에서 가계외 소비지출, 고용자소득, 자본감모충당, 순간접세(간접세 – 보조금)를 뺀 것이다. 영업잉여는 각 산업 부문의 영업이윤, 지불이자 등으로 형성되며, 개인업주나 무급 가족종사자 등의 소득은 고용자 소득이 아니라 영업잉여에 포함시킨다.

2.2.4 생산액의 개념과 평가방법

산업연관표는 통상 각 부분의 거래량의 크기를 금액으로 표시하여 '생산액'에 의해 파악한다. 재화마다 고유한 수량단위가 있고, 그것으로 각 거래활동의 크기를 측정하면 가격변동이나 지역격차에 의한 영향을 배제할 수 있다. 그러나 서비스의 크기는 고유한 수량단위가 없기 때문에 금액을 공통의 척도로 사용한다.

부문 간의 거래를 가격으로 평가하는 방법에는 생산자가격과 구매자가격이 있다. 생산자가격은 생산자로부터 소비자에 이르는 사이의 상업적 마진, 화물운송을 제하고 평가하는 방법으로, 구매자의 손에 재화가 들어가기까지 소요된 상업마진과 화물운송은 구입 측 부문과 상업 및 운송업의 교점에서 계산한다. 구매자가격은 상업마진과 화물운송을 거래액에 포함하여 계상하며, 일부를 제외한 상업마진 및 국내화물운송은 상업 및 운송업의 행 부문에 계상시키지 않는다.

산업연관표에는 이와 같이 서로 다른 두 개의 가격평가법인 생산자가격평가표와 구매자가격평가표가 있다. 구매자가격평가표가 실제 거래인식에 가까우나, 상업마진이나 화물운송은 재화·서비스 등과 달리 거래형태가 서로 달라 불안정한 경우도 있으므로 일반적으로 산업연관분석에서는 생산자가격평가표를 이용하는 경우가 많다. CGE 분석모형을 구축할 때에도 이 두 종류의 가격평가법에 주의해야 한다.

산업연관표의 '생산액'은 국가나 지역의 1년 생산액을 전부 계상하는데, 통상 대상기간은 1월부터 12월까지로 한다.

2.2.5 지역산업연관표의 형식

실제 산업연관분석 또는 CGE 분석을 할 때 국가나 지방자치단체 등이 제공하는 산업연관표를 이용하는 경우가 많다. 산업연관표에는 한 나라를 대상으로 하는 산업연관표 이외에도 두 나라 간 이상을 대상으로 하는 국제산업연관표, 국내의 특정 지역이나 복수 지역을 대상으로 하는 지역산업연관표가 있으므로 분석대상이 되는 국가 또는 지역에 상응하는 산업연관표가 필요하다.

지역산업연관표는 국가의 산업연관표와 기본적인 틀은 같지만 지역 간 교역 등 몇 가지 다른 점이 있다. 이번에는 지역 간 교역이 다르다는 사실에 주목하여 지역산업연관표의 형식에 대해 해설한다.

지역을 대상으로 하는 산업연관표는 크게 분류하면 한 지역을 대상으로 하는 지역 내 산업연관표와 복수 지역을 대상으로 하는 지역 간 산업연관표가 있다. 또 이입을 다루는 방법에 따라 경쟁이입형과 비경쟁이입형 등 두 가지 형식이 있으므로, 이것을 조합하면 지역 내 경쟁이입형 산업연관표, 지역 내 비경쟁이입형 산업연관표, 지역 간 경쟁입이형 산업연관표, 지역 간 비경쟁이입형 산업연관표 등 4가지로 분류할 수 있다. 단, 생산지가 다르나 같은 재화로 분류하는 경우를 '경쟁', 다른 재화로 취급하면 '비경쟁'이라 한다.

일본의 지방자치단체(都道府縣 또는 市町村) 차원의 지역산업연관표는 지역 내 경쟁이입형 산업연관표 형식이 많은데, 이 타입의 산업연관표는 앞에서 보여준 국가의 산업연관표에 수출입처럼 이출과 이입을 부가하는 형식을 취한다. 즉, 국내 타 지역에서 재화를 구입하면 이입, 국내 타 지역으로 재화를 판매하면 이출이 되며, 유통과정에서 단순한 지역 간 통과거래는 이입, 이출의 대상이 되지 않는다는 점에 주의해야 한다. 예를 들어 아이치현(愛知縣)의 지역 내 경쟁이입형 산업연관표에는 아이치현 이외의 지역으로부터 일단 물류창고에 반입되었다 다시 이이치현 이외의 다른 지역으로 반출되는 재화는 이출입 대상에서 제외된다.

복지수역을 대상으로 하는 지역 간 산업연관표의 대표적인 사례는 경제산업성(구 통상산업성)의 지역 간 산업연관표이다. 경제산업성은 표 2.2와 같이 비경쟁이입형 지역 간 산업연관표를 최근까지 작성해왔다[정확히 말하면 1960년부터 1995년 표까지 작성되어 있으며, 2000년 표는 공식적으로 작성하지 않았다(2009. 4. 시점)]. 비경쟁이입형 산업연관표는 같은 재화라 할지라도 생산지가 다를 경우 별도의 산출물로 간주하므로, 내생 부문 수는 지역 수에 산업 부문 수를 곱한 값이 된다. 이 타입의 산업연관표는 어느 지역의 어떤 산업에서 무엇이 이입되고, 반대로 무엇이 이출되었는지 명확히 파악할 수 있다. 즉, 경제산업성의 지역 간 산업연관표는 수입(輸入)에 대해 경쟁수입형의 형식을 따르므로 지역 간 비경쟁이입·경쟁수입형 산업연관표라 한다.

표 2.2 세 지역으로 통합된 지역 간 산업연관표

(단위 : 백만 엔)

		간토(關東)			긴키(近畿)			기타			지역 계			수출	수입	총생산액
		산업1	산업2	지역 내 최종수요	산업1	산업2	지역 내 최종수요	산업1	산업2	지역 내 최종수요	산업1	산업2	지역 내 최종수요			
간토	산업 1	39,881	20,968	33,500	3,475	1,836	3,836	9,353	6,073	11,260	52,709	28,877	48,597	16,153	−14,019	132,317
	산업 2	24,100	59,599	147,344	1,032	1,544	3,442	4,145	7,040	11,101	29,277	68,184	161,887	4,484	−4,710	259,123
	헌종이·폐금속	173	−2	−145	8	0	0	8	0	0	189	−2	−145	5	−47	0
	부가가치	46,868	162,329	0	727	2,362	0	1,561	5,392	0	49,155	170,084	0	0	0	219,240
긴키	산업 1	4,349	2,443	3,969	13,344	7,501	9,774	6,100	3,199	5,057	23,793	13,144	18,800	5,899	−5,909	55,727
	산업 2	674	1,122	2,747	9,412	21,856	61,392	1,415	1,794	4,158	11,502	24,772	68,298	1,670	−1,688	104,554
	헌종이·폐금속	0	0	0	93	−2	−61	0	0	0	93	−2	−61	2	−32	0
	부가가치	348	1,216	0	19,950	64,232	0	382	1,197	0	20,680	66,645	0	0	0	87,325
기타	산업 1	12,590	5,417	10,457	6,452	3,142	5,105	47,527	20,761	29,893	66,569	29,319	45,455	15,882	−14,887	142,339
	산업 2	2,682	3,795	9,270	1,002	1,363	3,753	21,116	44,452	146,450	24,799	49,610	159,473	2,707	−2,380	234,209
	헌종이·폐금속	4	0	0	8	0	0	179	−2	−143	191	−2	−143	6	−52	0
	부가가치	647	2236	0	225	718	0	50,553	144,302	0	51,425	147,256	0	0	0	198,682
지역계	산업 1	56,820	28,828	47,926	23,270	12,480	18,715	62,981	30,033	46,211	143,071	71,340	112,852	37,934	−34,814	330,383
	산업 2	27,456	64,516	159,361	11,446	24,764	68,587	26,676	53,286	161,709	65,578	142,566	389,658	8,862	−8,778	597,886
	헌종이·폐금속	178	−2	−145	109	−2	−61	187	−2	−143	473	−6	−349	13	−132	0
	부가가치	47,863	165,781	0	20,902	67,312	0	52,496	150,892	0	121,261	383,985	0	0	0	505,246
총생산액		132,317	259,123	207,142	55,727	104,554	87,241	142,339	234,209	207,778	330,383	597,886	502,161	46,809	−43,724	1433,515

[경제산업성 1995년 지역 간 산업연관표] 근거 지역 및 부문 통합

2.2.6 사회회계표

가장 기본적인 사회회계표(SAM)는 국민계정(SNA)을 행렬로 표시한 것이며, 여러 가지 사회경제 데이터를 편성하여 특히 분배·소비면의 구조를 상세하게 다룰 수 있도록 확장시킨 것이다. SAM의 기본원리는 복식부기 형식의 데이터를 행렬식으로 나타낸 것으로, 일반적으로 지불 부문을 열, 수취 부문을 행으로 하여 교점에서 각 거래가 계상(計上)된다. 그 결과 각 부문 간의 경제순환을 명확히 알 수 있으며, 행렬표시에서 대응하는 열 합계와 행 합계가 일치하는 수지균형의 성질이 있으므로, SAM 승수모형이나 CGE 모형의 기초데이터로 여러 가지 정책분석에 활용할 수 있다.

SAM의 부문 분류는 산업연관표에 기술된 것 이외에 가계·기업·정부 등 경제 주체가 되는 제도 부문, 노동과 자본 등 생산요소 부문으로 확장시킬 수 있으며, 전체 계정체계를 하나의 행렬형식으로 나타낸다. 따라서 SAM은 산업연관표를 포함하는 틀(framework)이라 할 수 있다. 각 부분의 거래는 재화 서비스의 유출과 금전의 유입은 행에 재화·서비스의 유입과 금전 유출은 열에 기입하며 교점에서 거래액이 계상된다. 기본계정 통계가 복식부기 규칙에 따라 작성되어 있다면 각 계정의 행 합과 열 합은 일치한다.

표 2.3은 전국 SAM 모형으로 이와 같은 간이 형식의 SAM은 산업연관표 표 2.1로 쉽게 작성할 수 있다. 그러나 소비·소득분배구조를 보다 상세히 나타내야 할 경우에는 국민계정 등 다른 통계 데이터를 이용하거나, 부분적으로 추계할 경우 행 합, 열 합이 일치하도록 조정해야 한다. 또 같은 양식으로 지방자치단체의 특정 지역을 대상으로 하는 SAM도 표 2.4와 같이 해당 지역의 산업연관표로부터 지역 SAM을 쉽게 작성할 수 있다.

표 2.3 사회회계표(SAM)의 서식

(단위 : 백만 엔)

	제1차 산업	제2차 산업	제3차 산업	노동	자본	순간접세	가계	정부	투자	국내	국내생산액
제1차 산업	1,558,932	8,612,891	1,402,552				3,874,706	0	967,198	72,018	16,488,296
제2차 산업	2,554,688	153,628,779	55,721,229				61,589,964	459,179	107,402,008	46,597,315	427,953,163
제3차 산업	2,278,501	85,986,402	146,831,779				215,525,542	85,247,038	21,919,532	10,817,384	568,606,178
노동	1,275,384	80,152,939	194,160,825								275,589,148
자본	6,167,952	39,276,104	144,429,725								189,873,781
순간접세	534,232	17,351,124	16,962,422								34,847,778
가계				275,589,148	189,873,781						465,462,929
정부						34,847,778	50,858,439				85,706,217
투자							133,614,278			-3,325,540	130,288,738
국내	2118607	42944924	9097646								54,161,177
국내생산액	16,488,296	427,953,163	568,606,178	275,589,148	189,873,781	34,847,778	465,462,929	85,706,217	130,288,738	54,161,177	

총무성산업연관표 근거 전국 간이 SAM

표 2.4 산업연관표로 작성한 시즈오카현의 사회회계표(SAM)

(단위 : 백만 엔)

	제1차 산업	제2차 산업	제3차 산업	노동	자본	순간접세	가계	정부	투자	국내	국내생산액
제1차 산업	31,611	356,721	36,848				100,032	0	21,075	153,932	700,218
제2차 산업	88,666	7608,948	1,530,367				1,693,528	1,2917	2,998,796	12,984,257	26,917,479
제3차 산업	59,640	4,204,872	3,826,406				5,637,586	2,166,837	316,734	2,510,395	18,722,471
노동	36,862	3,703,080	4,935,708								8,675,650
자본	158,133	1,928,842	3,885,435								5,972,410
순간접세	14,677	578,381	455,539								1,048,597
가계				8,675,650	5,972,410						14,648,060
정부						1,048,597	1,131,157				2,179,754
투자							6,085,757		−2,749,152		3,336,605
국내	310,629	8,536,635	4,052,168								12,899,432
국내생산액	700,218	26,917,479	18,722,471	8,675,650	5,972,410	1,048,597	14,648,060	2,179,754	3,336,605	12,899,432	

시즈오카현 산업연관표 근거 간이 SAM

SAM의 특징은 한 가지 통계표로 국가나 지역의 경제순환구조를 종합적으로 파악할 수 있다는 점이다. 국민계정 또는 현민경제통계는 T형 계정형식으로 작성하는 경우가 많다. 이 형식은 부문 간 거래관계, 다시 말하면, 어느 부문이 지불하고 어느 부문에서 수취하였는가 등 대응관계를 직접 파악할 수 없으나 SAM은 행렬식으로 표시하기 때문에 행과 열의 교점에서 수취와 지불관계를 바로 파악할 수 있으며, 표를 살펴보는 것만으로도 많은 정보를 얻을 수 있다.

2.2.7 사회회계표의 구조와 작성

국민계정 및 현민경제통계는 국제표준인 SNA에 따라 작성하므로, 항상 수지균형이 유지된다. 이번에는 현민경제통계에 대해 경제순환의 양태를 T형으로 나타낸 표 2.5를 살펴보자. 이것은 재화·서비스계정, 생산계정, 소득계정,

자본계정, 역외계정으로 표시되어 있다. T형 계정에서 오른쪽은 수입(收入)항목을, 왼쪽은 지출항목을 기장하는 것이 통례이나 실제 국민계정이나 지방자치단체의 경제통계에서는 지출과 수입(收入)을 상하로 표시한다.

표 2.5 지방자치단체의 경제통계 T형 계정 표시 예

재화·서비스계정				소득계정			
지출		수입		지출		수입	
산출	A	중간투입	C	최종소비	J	부가가치	L
이입	B	최종소비	D	저축	K		
		투자	E	자본계정			
		이출(移出)	F	지출		수입	
생산계정				투자	M	저축	O
지출		수입		저축 투자차	N		
중간투입	G	산출	I	역외계정			
부가가치	H			지출		수입	
				이출	P	이입	Q
						대 역외수지	R
						(저축투자차액)	

먼저 생산계정부터 살펴보자. 생산계정에는 지출항목에 중간투입 G와 부가가치 H, 수입(收入) I로 산출 I가 계상되어 있다. 이것은 중간투입 G로 I를 산출하고, 부가가치 H를 발생시킨 것이다. 소득계정은 수입항목으로 생산계정에 표시된 부가가치 L이 계상되고, 최종소비 J를 지출하고, K라는 저축이 발생한다. 특히 자본계정은 소득계정에서 발생한 저축 O를 수입으로 계상하며, 그 안에서 투자 M을 계상한다. 그 결과 발생한 저축에서 투자를 뺀 것이 저축투자차액 N으로 기장된다. 역외계정은 역외에서 수취한 수입항목으로 이입 Q가

계상되며, 반대로 역외에서 취한 지출항목에 이출 P가 계상된다. 지출 측에 차액으로 대 역외수지 R이 기장되는데, 이것은 자본계정의 저축투자차액 N과 같아야 된다는 점에 주의해야 한다. 이것은 CGE 분석을 할 때 중요한 점이다. 마지막으로 재화·서비스계정에 대하여 수입항목으로 중간재 투입 C, 최종소비 D, 투자 E, 이출 F가 기장되며, 지출항목에는 산출 A와 이입 B가 기장된다.

이상에서 설명한 T계정을 행렬로 표시하면 결국 SAM으로 나타낸 표 2.6이 된다.

표 2.6 현민경제통계를 이용한 지역 SAM

		재화 서비스계정	생산계정	소득계정	자본계정	역외계정
		1	2	3	4	5
재화 서비스계정	1		중간투입 G(C)	최종소비 J(D)	투자 M(E)	이출 P(F)
생산계정	2	산출 A(I)				
소득계정	3		부가가치 H(L)			
자본계정	4			저축 K(O)		
역외계정	5	이입 B(Q)			저축투자차액 N(R)	

2.3 산업연관표의 정비 상황

2.3.1 세계의 산업연관표 작성 상황

레온티에프가 1936년에 처음 제시한 산업연관표는 1919년 미국 경제를 대상으로 한 한 나라의 산업연관표였다. 미국에서는 1947년 표부터 노동성에서 작성하였으나, 나중에는 상무성으로 이관되었다. 오늘날은 미국, 캐나다, 영국, 프랑스, 독일, 오스트리아 등 선진국은 물론 동남아시아의 여러 나라, 아프리카 등 80개 이상의 국가 또는 지역의 지역산업연관표가 정비되어 있다.

일본에서는 아시아경제연구소와 경제산업성이 복수국가 간의 산업연관표를 작성한다. 아시아경제연구소는 1970년에 일본, 한국, 대만, 필리핀, 인도, 파키스탄, 미국, EC를 대상으로 한 간이표(1963)를 시험 작성하였고, 그 후 1975년에 ASEAN 표를 작성하였다. 1985년 표부터 5년마다 한 번씩 작성하여, 현시점(2009)에는 2000년 아시아 국제산업연관표를 이용할 수 있다. 이 외에 아시아경제연구소에서는 일본을 기축으로 한 아메리카, 한국, 필리핀, 태국 등 두 국가 간 표도 작성하고 있다.

한편 경제산업성은 일본과 미국의 국제산업연관표를 비롯하여, 일본과 영국, 프랑스, 독일 등과 두 국가 간 표를 작성하고, 이들을 집대성하여 일본과 미국, 영국, 프랑스, 독일, 아세안 5개국, 한국, 대만, 중국을 포함한 일·미· EU·아시아 국제산업연관표를 작성하고 있다.

유럽에서는 Eurostat가 EU 여러 나라의 산업연관표 데이터베이스(database)를 정비하여 통일 포맷으로 1995년부터 매년 산업연관표를 제공하고 있다. 또한 OECD에서도 37개국 48부문의 산업연관표 데이터베이스를 정비하고 있다.

특히 CGE 분석을 전제하여 작성된 데이터베이스로 Purdue 대학의 GTAP가 있다. Ver7 데이터베이스에는 세계 113개국과 지역, 57부문의 산업연관표 데이터베이스가 구축되어 있다. 또한 [井原, 石川, 藤原 2008]는 일본을 규슈 지역과 그 이외의 지역으로 분할한 다음, 한국·중국 등 여러 나라를 대상으로 한 아시아 국제 간·일본 지역 간 산업연관표를 개발하였다.

2.3.2 일본의 지역산업연관표

경제산업성은 일본을 9지역으로 분할하여 각 지역 간 거래를 나타내는 지역 간 산업연관표를 1960년부터 작성해오다가 2000년 표부터 공식적으로는 작성 하지 않는다. 한편 도도부현(都道府縣)의 경우 매년 지역산업연관표를 작성하는 자치단체가 증가하는 추세이며, 1990년 표부터는 대부분이 작성하고 있다.

일본의 지역산업연관표는 도도부현표와 9지역 간 산업연관표 이외에 일부 시정촌(市町村)이나 권역을 대상으로 한 것도 있다. 시정촌을 대상으로 한 산업연관표는 정령지정도시[†]를 중심으로 정비되어 있는데, 삿포로시, 지바시, 요코하마시, 오사카시, 코베시, 히로시마시, 기타규슈시, 후쿠오카시 등이 대표 도시이다. 최근에는 대부분의 정령지정도시에서 작성하고 있어 향후 정비가 기대된다.

또한 공식 통계는 아니지만 연구자나 각 기관에서 작성한 지역산업연관표도 있다. 예를 들면, [石川, 宮城 2004]는 전국을 47도도부현으로 분할하여 작성한 47도도부현 간 산업연관표, 간사이사회경제연구소에서 간사이(關西) 지역을 도도부현으로 나누어 작성한 간사이 도도부현 간 산업연관표가 있다.

---

† 역자 주 : 인구 50만 이상으로 구를 설치할 수 있는 도시

임의의 지역 설정에 의해 산업연관표를 작성하는 기법으로 서베이(survey) 법, non-survey 법, 하이브리드 법 등이 개발되었으며 몇 가지 작성사례도 있다 ([石川 2004], [朝日 2004], [日吉, 河上, 土井 2004], [中澤 2002] 등).

2.4 산업연관모형의 개요

2.4.1 산업연관분석의 기초

(1) 투입계수

투입계수란 어떤 생산물 한 단위를 생산할 때 필요한 여러 부문으로부터 투입된 원재료 투입량의 비율로, 이것에 의해 산업 간 연결 형태가 드러나게 된다. 투입계수 a_{ij}는 j부문에 대해 i부문으로부터의 투입비율이며, 산업연관표에서 각 산업의 종축(縱)의 원료 투입량 x_{ij}와 생산액 X_j 사이에 선형관계가 성립한다고 가정하여 다음과 같이 정의한다.

$$a_{ij} = \frac{x_{ij}}{X_j} \quad i = 1, 2, \cdots, n \,;\, j = 1, 2, \cdots, n \tag{2.1}$$

일반적으로 투입계수는 원재료의 투입 부문 특히 내생 부문과 관계되는 계수를 의미하며, 생산액에서 부가가치를 뺀 것을 부가가치계수라 한다.

앞에서 본 실제의 산업연관표를 이용하여 투입계수가 들어 있는 표를 작성하면 표 2.7이 된다. 이 표에서, 예를 들어 농림수산업은 한 단위를 생산하기 위해 해당 부문에서 투입량 0.1084단위를 필요로 한다는 것을 알 수 있다.

표 2.7 투입계수표(2000년 13부문)

	01 농림수산업	02 광업	03 제조업	04 건설	05 전력·가스·수도	06 상업	07 금융·보험
01 농림수산업	0.108455	0.000379	0.027347	0.001967	0.000000	0.000093	0.000000
02 광업	0.000015	0.002531	0.023875	0.008717	0.074774	0.000000	0.000000
03 제조업	0.171384	0.067505	0.398711	0.279120	0.062225	0.032931	0.033104
04 건설	0.005630	0.006585	0.004177	0.002574	0.046612	0.005655	0.003939
05 전력·가스·수도	0.006397	0.031277	0.020568	0.006976	0.060111	0.012648	0.005918
06 상업	0.046341	0.016874	0.052751	0.063935	0.014513	0.014576	0.005004
07 금융·보험	0.034969	0.047891	0.013041	0.011181	0.028190	0.050829	0.075284
08 부동산	0.000425	0.008925	0.002897	0.003481	0.008301	0.029517	0.015967
09 운수	0.043099	0.275173	0.026735	0.051589	0.026502	0.047870	0.019090
10 통신·방송	0.000837	0.006518	0.003629	0.012141	0.005288	0.025989	0.021738
11 공무	0.000000	0.000000	0.000000	0.000000	0.000000	0.000000	0.000000
12 서비스	0.014867	0.045259	0.074832	0.082755	0.101996	0.065450	0.130998
13 분류불명	0.005645	0.014833	0.005415	0.003981	0.005329	0.006466	0.006741
33 내생부분계	0.438065	0.523751	0.653977	0.528418	0.433840	0.292023	0.317783
35 가계외소비지출	0.006769	0.050186	0.018198	0.016664	0.020019	0.024154	0.032885
36 고용자소득	0.088755	0.180451	0.172341	0.346596	0.174618	0.487446	0.327476
37 영업잉여	0.325040	0.113163	0.054711	0.018114	0.130006	0.102944	0.236358
38 자본감모충당	0.104194	0.089831	0.541170	0.052503	0.186287	0.049529	0.089973
39 간접세(제관세)	0.049668	0.049773	0.048594	0.042105	0.064597	0.046299	0.038512
40 (공제)경상보조금	-0.012490	-0.007156	-0.001939	-0.004400	-0.009367	-0.002396	-0.042988
52 부가가치 부문 합계	0.561935	0.476249	0.346023	0.471582	0.566160	0.707977	0.682217
55 국내생산액	1.000000	1.000000	1.000000	1.000000	1.000000	1.000000	1.000000

	08 부동산	09 운수	10 통신·방송	11 공무	12 서비스	13 분류 불명	33 평균
01 농림수산업	0.000001	0.000044	0.000000	0.000058	0.006074	0.000000	0.011976
02 광업	0.000000	0.000001	0.000000	0.000017	0.000018	0.000235	0.010491
03 제조업	0.002463	0.127199	0.020862	0.079959	0.128792	0.091100	0.199576
04 건설	0.043177	0.010001	0.007856	0.015709	0.006297	0.000000	0.009364
05 전력·가스·수도	0.003333	0.018542	0.014379	0.028619	0.025019	0.015832	0.018879
06 상업	0.000952	0.034336	0.004324	0.012451	0.038072	0.019976	0.036051
07 금융·보험	0.050086	0.061222	0.022743	0.002763	0.026616	0.226917	0.028823
08 부동산	0.006193	0.014687	0.016992	0.001288	0.012175	0.011708	0.009519
09 운수	0.002224	0.105084	0.022775	0.030997	0.019153	0.049412	0.031834
10 통신·방송	0.001492	0.007527	0.120699	0.014598	0.022128	0.028003	0.014807
11 공무	0.000000	0.000000	0.000000	0.000000	0.000000	0.168262	0.000739

[경제산업성]

표 2.7 투입계수표(2000년 13부문)(계속)

	08 부동산	09 운수	10 통신·방송	11 공무	12 서비스	13 분류 불명	33 평균
12 서비스	0.025877	0.139520	0.164444	0.076154	0.087893	0.083068	0.081592
13 분류불명	0.004104	0.003985	0.004589	0.000495	0.003275	0.000000	0.004593
33 내생 부문 계	0.139902	0.522148	0.399663	0.263108	0.375512	0.694512	0.458245
35 가계외 소비지출	0.003433	0.021141	0.061318	0.016676	0.021332	0.022460	0.019993
36 고용자소득	0.035930	0.309091	0.264677	0.456882	0.409800	0.064466	0.287405
37 영업잉여	0.449961	0.054137	0.069729	0.000000	0.076277	0.104083	0.100662
38 자본감모충당	0.313845	0.063586	0.172073	0.261666	0.092598	0.101068	0.097353
39 간접세(제관세)	0.060037	0.034381	0.032898	0.001668	0.031367	0.013931	0.041756
40 (공제) 경상보조금	−0.003107	−0.004484	−0.000357	0.000000	−0.006886	−0.000521	−0.005414
52 부가가치 부문 합계	0.860098	0.477852	0.600337	0.736892	0.624488	0.305488	0.541755
55 국내생산액	1.000000	1.000000	1.000000	1.000000	1.000000	1.000000	1.000000

[경제산업성]

(2) 역행렬계수

산업연관표로 되돌아가 행방향의 수급균형식을 생각해보자. 수출입을 고려하지 않은 약식 산업연관표에서 표를 행방향으로 읽으면 중간수요(내생 부문)와 최종수요의 합계가 생산액이 된다. 이것은 수요(중간수요액 + 최종수요액)가 공급(생산액)에 일치한다는 수급균형을 나타내는 것이다.

산업이 세 부문으로 구성되어 있다고 가정하면 각 산업의 균형식은 다음과 같다.

$$\left. \begin{array}{l} x_{11} + x_{12} + x_{13} + F_1 = X_1 \\ x_{21} + x_{22} + x_{23} + F_2 = X_2 \\ x_{31} + x_{32} + x_{33} + F_3 = X_3 \end{array} \right\} \tag{2.2}$$

단, F_i : i 번째 재화의 최종수요이다.

투입계수를 이용하여 나타내면

$$
\left.\begin{array}{l}
a_{11}X_1 + a_{12}X_2 + a_{13}X_3 + F_1 = X_1 \\
a_{21}X_1 + a_{22}X_2 + a_{23}X_3 + F_2 = X_2 \\
a_{31}X_1 + a_{32}X_2 + a_{33}X_3 + F_3 = X_3
\end{array}\right\} \tag{2.3}
$$

이 된다. 최종수요가 주어져 있을 경우, 3원 연립1차방정식을 풀면 각 산업의 생산수준을 구할 수 있다. 여기서 식 (2.3)을 행렬로 나타내면 식 (2.4)가 된다.

$$
\begin{bmatrix} a_{11} & a_{12} & a_{13} \\ a_{21} & a_{22} & a_{23} \\ a_{31} & a_{32} & a_{33} \end{bmatrix}\begin{bmatrix} X_1 \\ X_2 \\ X_3 \end{bmatrix} + \begin{bmatrix} F_1 \\ F_2 \\ F_3 \end{bmatrix} = \begin{bmatrix} X_1 \\ X_2 \\ X_3 \end{bmatrix} \tag{2.4}
$$

X에 대해 풀면,

$$
\begin{bmatrix} X_1 \\ X_2 \\ X_3 \end{bmatrix} = \left\{ \begin{bmatrix} 1 & 0 & 0 \\ 0 & 1 & 0 \\ 0 & 0 & 1 \end{bmatrix} - \begin{bmatrix} a_{11} & a_{12} & a_{13} \\ a_{21} & a_{22} & a_{23} \\ a_{31} & a_{32} & a_{33} \end{bmatrix} \right\}^{-1} \begin{bmatrix} F_1 \\ F_2 \\ F_3 \end{bmatrix} \tag{2.5}
$$

가 된다. 이 식은 각 부문의 최종수요가 주어졌을 때 생산량을 산출하는 계산식이다. 이것을 일반적으로 균형산출모형이라 부르며, 공공사업과 같이 어떤 산업 부문(예를 들면 건설 부문 등)의 최종수요(공적자본형성)가 주어진 경우 생산유발액을 계산할 수 있다.

역행렬은 다음과 같다.

$$
\begin{bmatrix}
1-a_{11} & -a_{12} & -a_{13} \\
-a_{21} & 1-a_{22} & -a_{23} \\
-a_{31} & -a_{32} & 1-a_{33}
\end{bmatrix}^{-1}
\tag{2.6}
$$

이 식을 레온티에프 역행렬이라 부르며, 산업연관분석에서 가장 중요한 계수행렬이다. 실제 산업연관표를 이용하여 역행렬계수를 산출하면 표 2.8이 된다. 예를 들어 농림수산업은 1단위의 수요에 대하여 해당 부문에서 직간접적으로 필요한 생산이 1.739단위(열 합계)라는 것을 알 수 있다.

표 2.8 역행렬계수표(2000년 13부문)

	01 농림수산업	02 광업	03 제조업	04 건설	05 전력·가스·수도	06 상업	07 금융·보험
01 농림수산업	1.112588	0.006199	0.043347	0.014403	0.005090	0.003066	0.003539
02 광업	0.001179	1.001483	0.005700	0.002887	0.011520	0.000516	0.000475
03 제조업	0.297785	0.189636	1.610717	0.439619	0.154840	0.087938	0.094521
04 건설	0.010592	0.015285	0.012085	1.008929	0.053576	0.010599	0.008240
05 전력·가스·수도	0.019139	0.049167	0.043428	0.025193	1.074452	0.021257	0.015430
06 상업	0.074308	0.045758	0.097949	0.098654	0.035897	1.027493	0.019700
07 금융·보험	0.059742	0.087944	0.043326	0.037843	0.048502	0.069818	1.094837
08 부동산	0.006830	0.019475	0.012049	0.012197	0.014507	0.035058	0.021915
09 운수	0.066652	0.302757	0.060205	0.078425	0.047017	0.060037	0.031373
10 통신·방송	0.008850	0.018815	0.015999	0.024550	0.014702	0.036112	0.033095
11 공무	0.001510	0.003010	0.001771	0.001356	0.001328	0.001378	0.001447
12 서비스	0.070857	0.136986	0.161977	0.157144	0.155251	0.109300	0.176988
13 분류불명	0.008972	0.017888	0.010525	0.008060	0.007891	0.008192	0.008597
열합계	1.739004	1.894401	2.119078	1.909261	1.624574	1.470763	1.510156
영향력계수	1.018688	1.109717	1.241330	1.118422	0.951656	0.861555	0.884631

[경제산업성]

표 2.8 역행렬계수표(2000년 13부문)(계속)

	08 부동산	09 운수	10 통신·방송	11 공무	12 서비스	13 분류 불명
01 농림수산업	0.001289	0.008062	0.003783	0.004773	0.012597	0.006749
02 광업	0.000237	0.001217	0.000595	0.000917	0.001135	0.001113
03 제조업	0.035174	0.254930	0.092024	0.152186	0.224443	0.213816
04 건설	0.044862	0.017460	0.013927	0.020055	0.011970	0.009953
05 전력·가스·수도	0.006810	0.035885	0.027321	0.038817	0.038006	0.036522
06 상업	0.008443	0.063743	0.021837	0.028889	0.059400	0.046612
07 금융·보험	0.059080	0.092545	0.043561	0.015883	0.046340	0.264300
08 부동산	1.008618	0.024304	0.024927	0.005723	0.018694	0.022932
09 운수	0.008984	1.129414	0.038495	0.043838	0.036611	0.077720
10 통신·방송	0.005630	0.021008	1.145143	0.022218	0.033284	0.049043
11 공무	0.000830	0.001294	0.001179	1.000416	0.001010	0.169033
12 서비스	0.047226	0.217374	0.228074	0.114977	1.140663	0.186485
13 분류 불명	0.004932	0.007693	0.007006	0.002470	0.006004	1.004581
열합계	1.232113	1.874930	1.647872	1.451162	1.630157	2.088860
영향력계수	0.721757	1.098311	0.965304	0.850073	0.954926	1.223629

[경제산업성]

(3) 레온티에프 역행렬의 경제적 의미

레온티에프 역행렬의 생산파급에 대한 궁극적인 상태는 다음과 같이 설명할 수 있다. 먼저 최종수요 F를 직접 충족시키는 생산은 $X(1)$; $X(1) = F$이다. 그러나 이 $X(1)$을 생산하려면 원재료 부분 생산 $X(2)$가 필요하다. $X(2)$는 투입계수행렬을 이용하여 $X(2) = AF$를 구할 수 있다. $X(2)$는 같은 과정을 거쳐야 하는, $X(3)$; $X(3) = A^2F$를 구하는 데 필요하다. 같은 과정을 반복한 다음, 급수전개에 의해 최종수요 F에 필요한 총생산 X가 도출된다.

$$X = \sum_{r=1}^{\infty} X(r) = F + AF + A^2F + \cdots + A^{r-1}F$$
$$= (I-A)^{-1}F \tag{2.7}$$

식 (2.7) $(I-A)^{-1}$는 수입(또는 이입)을 고려하지 않은 가장 기본적인 역행렬이다. 현실에서 국내(역내) 수요의 일부는 수입(이입)으로 조달되며, 생산유발로 인한 파급효과도 국내(역내) 산업의 해당 부문에 머무는 것이 아니다. 역행렬의 형태는 수입(이입)을 취급하는 방식에 따라 다양하게 나타낼 수 있다.

2.4.2 균형산출모형과 균형가격모형

전통적 산업연관분석은 생산액과 가격의 동시결정을 배제하는 방식이나 재화·서비스의 수급균형에서 얻을 수 있는 균형산출모형과 비용구성에서 구할 수 있는 균형가격모형의 구조를 수량적으로 제시하고 있다. 이 모형을 사용하면 최종수요 변화에 수반되는 생산액 변화, 부가가치의 변동에 따른 가격체계에 대한 영향을 분석할 수 있다.

(1) 균형산출모형

균형산출모형은 최종수요벡터를 부여하기보다 수급균형을 유지하며, 파급효과가 수렴상태에서 실현하는 산출량을 구하는 것이 목적이다. 앞에서 수입(이입)이 포함되지 않는 가장 기본적인 균형산출모형 식 (2.5)에 대하여 해설하였다. 그러나 실제 분석에서는 수입(이입)을 다루는 모형식이 필요하므로 이하에서 소개한다.

이 모형에서 사용하는 기호는 다음과 같다.

X : 생산액벡터　　　　　　$(n \times 1)$

F : 최종수요액벡터　　　　$(n \times 1)$

A : 투입계수행렬　　　　　$(n \times n)$

M : 수입액벡터　　　　　　$(n \times 1)$

수입을 다루는 방법은 여러 가지 유형이 있지만, 일반적으로 '최종수요(F)는 이미 알려져 있고, 수입(M)은 국내총수요에 비례한다고 가정하는 모형'을 사용한다.

먼저 최종수요 F는 국내최종수요 Y와 수출 E로 구분한다.

$$F = Y + E \tag{2.8}$$

수급균형식은 다음과 같다.

$$AX + Y + E - M = X \tag{2.9}$$

수출에는 수입품이 포함되지 않기 때문에 품목별 수입계수 m_i는 다음과 같이 정의한다.

$$m_i = \frac{M_i}{\Sigma a_{ij} X_j + Y_i} \tag{2.10}$$

여기에서 m_i는 국내총수요에서 차지하는 수입품의 비율이다. 품목별 수입계수 m_i를 요소로 하는 대각행렬을 $\overline{M}$라 하면

$$X = AX + Y + E - \overline{M}(AX + Y) \tag{2.11}$$

이 된다. 따라서 계산식은

$$X = \left[I - \left(I - \overline{M}\right)A\right]^{-1}\left[\left(I - \overline{M}\right)Y + E\right] \tag{2.12}$$

가 되어 역행렬계수는 $\left[I - \left(I - \overline{M}\right)A\right]^{-1}$이며, 현재 한 나라를 계측 대상으로 할 경우, 이 형태가 파급효과분석에 가장 적절하다고 하겠다.

(2) 균형가격모형

균형산출모형은 산업연관표의 횡방향 관계를 이용하여 수요와 공급의 균형으로부터 유도한다. 균형가격모형에서 산업연관표의 종방향 관계로부터 수지균등식을 유도하고, 거기에서 부가가치 변화 또는 특정 재화·서비스의 가격이 변하는 순간 가격체계 전체에 미치는 파급효과를 분석하는 모형을 도출할 수 있다.

이 모형은 경쟁수입형 산업연관표를 근거로 수입이 외생적으로 주어진다고 가정한다. 모형의 단순화를 위하여 재화·서비스 부문이 세 부문뿐이라고 가정하면 가격균등식은 다음과 같이 정의된다.

$$
\left.
\begin{array}{l}
p_1 x_{11} + p_2 x_{21} + p_3 x_{31} + V_1 = p_1 x_1 \\
p_1 x_{12} + p_2 x_{22} + p_3 x_{32} + V_2 = p_2 x_2 \\
p_1 x_{13} + p_2 x_{23} + p_3 x_{33} + V_3 = p_3 x_3
\end{array}
\right\}
\tag{2.13}
$$

이 가격균등식은 양변에 대응하는 산업의 생산액으로 나누고, 투입계수와 부가가치계수를 이용하면 다음과 같이 재정리할 수 있다.

$$
\begin{bmatrix} a_{11} & a_{21} & a_{31} \\ a_{12} & a_{22} & a_{32} \\ a_{13} & a_{23} & a_{33} \end{bmatrix}
\begin{bmatrix} p_1 \\ p_2 \\ p_3 \end{bmatrix}
+
\begin{bmatrix} v_1 \\ v_2 \\ v_3 \end{bmatrix}
=
\begin{bmatrix} p_1 \\ p_2 \\ p_3 \end{bmatrix}
\tag{2.14}
$$

투입계수의 전치행렬을 A', 가격벡터를 P, 부가가치벡터를 V라고 하면

$$
A'P + V = P
\tag{2.15}
$$

가격벡터 P에 대해 풀면 다음 식을 얻게 된다.

$$
P = [I - A']^{-1} V
\tag{2.16}
$$

이 모형식은 단위당 부가가치의 변화에 대한 각 산업의 가격체계 변화를 명시한 것이다. 또 특정 재화·서비스의 가격변화에 의한 가격파급은 다음과 같이 구할 수 있다. 세 산업으로 구성된 경제에서 재화 3의 가격이 변한다고 가정하면, 재화 1과 재화 2의 가격균등식은 다음과 같다.

$$\left.\begin{array}{l} p_1 a_{11} + p_2 a_{21} + p_3 a_{31} + v_1 = p_1 \\ p_1 a_{12} + p_2 a_{22} + p_3 a_{32} + v_2 = p_2 \end{array}\right\} \tag{2.17}$$

이 식을 정리하면 식 (2.18)이 된다.

$$\begin{pmatrix} a_{11} & a_{21} \\ a_{12} & a_{22} \end{pmatrix}\begin{pmatrix} p_1 \\ p_2 \end{pmatrix} + \begin{pmatrix} a_{31} \\ a_{32} \end{pmatrix}p_3 + \begin{pmatrix} v_1 \\ v_2 \end{pmatrix} = \begin{pmatrix} p_1 \\ p_2 \end{pmatrix} \tag{2.18}$$

재화 3의 가격변화가 재화 1과 재화 2에 다음과 같은 파급효과를 초래한다.

$$\begin{pmatrix} p_1 \\ p_2 \end{pmatrix} = \begin{pmatrix} 1 - a_{11} & -a_{21} \\ -a_{12} & 1 - a_{22} \end{pmatrix}^{-1}\begin{pmatrix} a_{31} \\ a_{32} \end{pmatrix}p_3 \tag{2.19}$$

2.4.3 지역을 대상으로 한 균형산출모형

(1) 지역산업연관분석의 유형

이번에는 일반적인 균형산출모형을 지역분석을 위해 확장한 지역산업연관모형에 대하여 살펴보자. 대표적인 지역산업연관모형은 분석 형식에 따라 분류하면 이입을 다루는 방식에 의해(경쟁이입형 vs 비경쟁이입형), 대상 지역에 따라(지역 내 vs 지역 간) 각각 두 유형으로 나눌 수 있다. 이것을 조합하면 지역 내 경쟁이입형 산업연관모형, 지역 내 비경쟁이입형 산업연관모형, 지역 간 경쟁이입형 산업연관모형, 지역 간 비경쟁이입형 산업연관모형 등 총 네 종류의 형식이 생성된다(표 2.9).

표 2.9 지역산업연관모형의 형태

	지역 내 표	지역 간 표
경쟁이입형	지역 내 경쟁이입형	지역 간 경쟁이입형
비경쟁이입형	지역 내 비경쟁이입형	지역 간 비경쟁이입형

이 중에서 지역 내 경쟁이입형 산업연관모형은 품목별 지역 내 수요에 대하여 이입품이 차지하는 비율이 일정하고, 특히 수요 부문에 차가 없다고 가정하므로, 비경쟁 타입의 산업연관표와 비교 작성하기 쉽기 때문에 특히 자치단체에서는 자치단체에 대한 경쟁이입형 지역 내 산업연관표 작성을 선호한다. 그렇기 때문에 도도부현을 분석대상으로 하는 경우, 경쟁이입형 지역 내 산업연관모형을 이용한 사례가 많다. 이 책에서는 4가지의 지역산업연관모형 중 일본에서 실제 널리 적용하고 있는 지역 내 경쟁이입형모형과 지역 간 비경쟁이입형모형에 대해 설명한다.

(2) 지역 내 경쟁이입형 산업연관모형

지역 내 경쟁이입형 산업연관모형은 국민경제를 대상으로 한 모형 식 (2.12)를 특정 단일지역 경제에 적용한 것이다. 분석에 이용된 지역 내 경쟁이입형 산업연관표는 전국 경쟁이입형 산업연관표 형식에 지역 간 교역을 나타내는 이출 및 이입항목을 부가한 것이다.

이와 같이 지역경제를 파악하는 지역산업연관표의 수급균형식은 다음과 같이 정의한다.

$$AX + F_D + E + F_U - M - N = X \qquad (2.20)$$

단,

$$X = \begin{bmatrix} x_1 \\ \vdots \\ x_i \\ \vdots \\ x_n \end{bmatrix}, \ x_i : \text{당해 지역 } i \text{산업의 생산액}$$

$$A = \begin{bmatrix} a_{11} & \cdots & a_{1j} & \cdots & a_{1n} \\ \vdots & \ddots & \vdots & \iddots & \vdots \\ a_{i1} & \cdots & a_{ij} & \cdots & a_{in} \\ \vdots & \iddots & \vdots & \ddots & \vdots \\ a_{n1} & \cdots & a_{nj} & \cdots & a_{nn} \end{bmatrix}, \ a_{ij} : \text{당해 지역 } i \text{산업에서 } j \text{산업으로의}$$
$$\text{투입계수}$$

$$F_D = \begin{bmatrix} f_{D1} \\ \vdots \\ f_{Di} \\ \vdots \\ f_{Dn} \end{bmatrix}, \ f_{Di} : \text{당해 지역 } i \text{산업의 역내 최종수요액}$$

$$F_U = \begin{bmatrix} f_{U1} \\ \vdots \\ f_{Ui} \\ \vdots \\ f_{Un} \end{bmatrix}, \ f_{Ui} : 당해\ 지역\ i 산업의\ 이출액$$

$$N = \begin{bmatrix} n_1 \\ \vdots \\ n_i \\ \vdots \\ n_n \end{bmatrix}, \ n_i : 당해\ 지역\ i 산업의\ 이입액$$

$$E = \begin{bmatrix} e_1 \\ \vdots \\ e_i \\ \vdots \\ r_n \end{bmatrix}, \ e_i : 당해\ 지역\ i 산업의\ 수출액$$

$$M = \begin{bmatrix} m_1 \\ \vdots \\ m_i \\ \vdots \\ m_n \end{bmatrix}, \ m_i : 당해\ 지역\ i 산업의\ 수입액$$

식 (2.20)을 X에 대해 풀면, 균형산출모형은 역행렬계수와 최종수요 벡터의 곱으로 정식화되며, 역내 최종수요 이외에 수출, 이출, 수입, 이입 등 최종수요 항목을 외생적으로 다루게 된다. 그러나 이입과 수입은 역내의 생산활동 상황에 따라 결정되기 때문에 일반적으로 모형 내에서 내생적으로 결정되는 것으로 하여 정식화한다.

이·수입이 역내 총수요에 비례한다고 가정하면, 수급균형식은 다음과 같이 변하게 된다.

$$AX + F_D + E + F_U - \overline{N}(AX + F_D) - \overline{M}(AX + F_D) = X \qquad (2.21)$$

$$\overline{N} = \begin{bmatrix} \overline{n_1} & & & 0 \\ & \ddots & & \\ & & \overline{n_i} & \\ & & & \ddots & \vdots \\ 0 & & & & \overline{n_n} \end{bmatrix}$$

단,

$$\overline{n_i} = \frac{n_i}{\sum_j^n x_{ij} + f_{Di}}, \quad \overline{n_i} : 품목별\ 이입계수$$

$$\overline{M} = \begin{bmatrix} \overline{m_1} & & & 0 \\ & \ddots & & \\ & & \overline{m_i} & \\ & & & \ddots & \vdots \\ 0 & & & & \overline{m_n} \end{bmatrix}$$

단,

$$\overline{m_i} = \frac{m_i}{\sum_j^n x_{ij} + f_{Di}}, \quad \overline{m_i} : 품목별\ 수입계수$$

식 (2.21)을 X에 대해 풀면, 균형산출모형은 다음과 같이 정식화된다.

$$X = [I - (I - \overline{M} - \overline{N})A]^{-1}[(I - \overline{M} - \overline{N})F_D + E + F_U] \qquad (2.22)$$

도도부현, 특정 도시, 각 지방경제산업국이 작성하는 지역표의 대부분이 지역 내 경쟁이입형을 따르기 때문에 현재 지역산업연관분석에 가장 널리 활용되는 형태이다. 그러나 이 모형은 지역 간 교역이라는 관점에서 볼 때 몇 가지 문제점이 있다. 먼저 이입은 내생적으로, 이출은 외생적으로 다룬다는 점이다. 따라서 해당 지역의 수요가 타 지역의 생산을 유발하고, 타 지역의 생산에 의해 해당 지역의 수요가 유발되어 생산 증대가 일어는 지역 간 피드백 효과를 고려하지 못한다는 점이다(지역 간 피드백 효과는 [Miller 1966], [石川 2000] 참조). 이입은 일반적으로 수입에 비해 큰 비중을 차지하기 때문에 이 효과를 무시하면 상당한 문제가 유발될 수 있다는 점을 지적하지 않을 수 없다. 특히 경쟁이입형은 이입품을 소비하든 지역 내 산품을 소비하든 소비 부문에 차가 없다고 가정한다. 그러나 현실적으로 동일재화를 수요한다 할지라도 지역 내 산품으로 조달하는 부문이 있는가 하면, 반대로 이입품에 의존하는 부문이 있다는 점을 고려해야 할 것이다.

(3) 지역 간 비경쟁이입형 산업연관모형

경제산업성의 지역 간 산업연관표와 같이 지역 간 비경쟁이입형 산업연관표는 이입액을 사들인 지역별, 소비 부문별로 표시하는 형식을 취한다. 이 표를 살펴보면 어느 지역 어떤 산업의 생산물이 지역의 어떤 산업 또는 최종수요로

소비되었는지 바로 판명된다. 즉, 같은 재화라 할지라도 A 지역에서 생산된 재화는 B 지역에서 생산된 재화와 다른 것으로 분류한다는 점에서 비경쟁재화이며, 형식상 전국 산업연관표의 부문 분류를 지역별로 명시적으로 세분화한 것이다. 이 유형의 산업연관표를 기본으로 한 수입균형식은 다음과 같다.

$$A^{rs}X^s + F_D^{rs} + E^S - M^S = X^r \qquad (2.23)$$

단, A^{rs} : 지역 간 투입계수행렬 X : 지역별 생산액의 열벡터, F_D : 지역별 역내 최종수요 전국합의 열벡터, E : 지역별 수출액의 열벡터, M : 지역별 수입액의 열벡터, 위첨자 r : 공급 지역 또는 표에 표시된 지역, 위첨자 s : 수요 지역 또는 표에 표시된 지역이다.

또한 지역별 수입액 M은 당해 수입품 소비 지역이 지역 내 수요에 비례한다고 가정하여, 수입계수 $\overline{M}$을 도입하면 균형산출모형은 식 (2.24), (2.25)가 된다.

$$X^r = [I - (A^{rs} - \overline{M}^s A^*)]^{-1}[F_D^{rs} - \overline{M}^s F_D^* + E^s] \qquad (2.24)$$

$$M^s = \overline{M}^s(A^* X^s + F_D^*) \qquad (2.25)$$

여기서,

$$A^* = \begin{bmatrix} A^{11} & & & 0 \\ & \ddots & & \\ & & A^{rs} & \\ & & & \ddots & \\ 0 & & & & A^{nn} \end{bmatrix}, \; F^* = \begin{bmatrix} F_D^{11} \\ \vdots \\ F_D^{RS} \\ \vdots \\ F_D^{nn} \end{bmatrix}$$

이 모형은 산업 부문 간 연관구조와 같은 방식을 지역 간 연관구조에 도입한 것이므로 이입과 이출을 모두 내생적으로 다루었다. 그렇기 때문에 경쟁이입형 지역 간 산업연관모형과 같이 지역 간 피드백 효과를 분석할 수 있다.

또 비경쟁이입형 지역 내 산업연관모형과 같이 이입품을 소비하든 지역 내 산품을 소비하든 소비 부문에 차가 없다는 가정을 할 필요가 없으므로 데이터에 기초한 정학적인 실태를 나타내기에 유리하다. 그러나 기술적인 관계를 표시하는 투입계수를 지역 내 산품과 지역 외 산품으로 분리하여 정의하므로 안정성을 손상시킬 수 있다는 문제점이 있다.

2.5 산업연관모형과 CGE 모형의 차이점

2.5.1 생산기술에 대한 문제

전통적인 산업연관모형에서는 다음과 같은 가정으로 왈라스의 일반균형체계를 적용할 수 있게 하였다.

① 생산요소 간의 대체를 인정하지 않는 고정계수 생산함수를 사용한다.

② 연립방정식의 파라미터를 1년 관찰값으로 결정한다(점추정 가정).

이와 같은 가정은 CGE 모형에 표현된 가격이 경제 주체의 최적화행동을 고려하지 못한다는 대가를 지불하게 되었다. 그럼에도 불구하고 산업연관모형은 단 1년 관측된 파라미터로 선형 연립방정식체계를 풀어 쉽게 해를 구할 수 있다는 실용성을 얻었다. 또한 전통적인 산업연관모형은 각 산업의 투입량과 산출량에 의해 규정하는 활동(activity)에 근거를 둔 경제체계를 설명하기 위해, 다음 같은 가정을 전제하였다.

① '규모에 관한 수확 일정의 가정'으로 투입량을 동일 비율로 증가시킬 경우 산출량의 스케일도 같은 비율로 증가한다는 1차동차성에 대한 가정이다. 이것은 일반적으로 생산요소 간의 대체를 인정하고 생산함수를 단순화하기 위해 도입하는 가정이다.

② '제한성의 가정'으로 생산요소 간의 대체성을 인정하지 않고, 산출량과 투입량 간에 일정불변의 관계가 유지된다는 가정이다. 이 관계는 재화의 생산에 필요한 투입물이 재화 1과 재화 2 두 변수뿐이라고 하면, 등량곡선은 투입계수 a_{ij}를 이용하여 식 (2.26)과 같이 나타낼 수 있다.

$$X_j = \min\left(\frac{x_{1j}}{a_{1j}},\ \frac{x_{2j}}{a_{2j}} \right) \tag{2.26}$$

이것은 그림 2.2에서 보여주는 바와 같이 X_1을 만족하는 x_{11}, x_{21}의 조합은 단 한 점 이외에는 존재하지 않는다는 것을 의미하며, 규모에 관하여 수확일정의 법칙이 적용되기 때문에 직선 OA상에 투입량의 조합 ($a_{11}X_1$, $a_{21}X_1$)이 존재한다. 생산요소와 생산량의 관계식인 생산함수(고정계수의 생산함수)에서 등량선은 그림 2.2와 같이 L자형으로 도출된다.

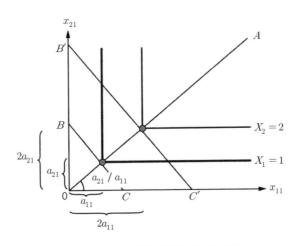

그림 2.2 레온티에프형 생산함수

x_{11}, x_{21}의 가격과 총비용이 주어지면 등비용선 BC가 확정되어 등량선의 코너에서 최적점이 결정된다. 레온티에프형 생산함수는 투입재의 상대가격이 어느 정도 변한다 해도 생산비용을 최소화하기 위해 투입재 구성비율을 변화시키지 않는 것이 특징이다. 만약 두 가지 투입요소의 가격이 변하지 않고, 총비용이 증가한다면, 이에 대응하여 등비용선은 원래 등비용선 BC와 평행하게 위쪽으로 이동하여 $B'C'$이 된다. $B'C'$이 비용확장선(직선 OA)과 만나는

점에서 $X_2(x_{11}, x_{21})$가 확정된다. 따라서 비용확장선은 총비용이 증가할 때 균형점의 변화를 나타내는 것이다.

전통적 산업연관모형과 CGE 모형은 중간재 투입에 대해서는 레온티에프형 생산함수를 이용하지만, CGE 모형은 노동이나 자본 등 본원적 생산요소 투입에 대해 CES(constant elasticity of substitution) 함수나 콥·더글라스(Cobb·Douglas) 함수 등 생산요소 대체를 인정하는 생산함수를 사용한다.

2.5.2 가격과 수급균형

왈라스적 일반균형이론을 단순화하여 정리하면 가계는 소비재를 수요하고, 노동·자본 용역을 공급하며 효용최대화를 도모하는 소비 주체이다. 기업은 가계로부터 생산요소를, 원재료 산업 부문으로부터 중간재를 구입하여 생산물을 가계에 공급하는 생산 주체이다. 경제 주체는 각각 최적화 행동을 한다. 그리고 모든 시장은 상호 연관되어 있으므로, 수요·공급함수는 가격으로 표시된 연립방정식체계로 나타난다. 이 책에서 중요한 테마로 다루고 있는 CGE 모형은 왈라스적 일반균형이론을 비교적 충실히 수용하고 있으므로, 수급량과 가격은 균형 성립과 동시에 결정된다. 한편, 전통적 산업연관분석은 왈라스에 의한 일반균형이론을 현실 경제에 적용시키기 위해 이론체계로 구축된 것으로, 앞서 균형산출모형에서 본 것처럼 재화·서비스의 양적인 균형은 가격의 영향을 받지 않는다.

그림 2.3은 레온티에프형 생산함수에서 재화의 수요·공급곡선이다. 이와 같이 전통적 산업연관모형에서 사용하는 고정계수 공급함수는 횡축으로 수평인 직선을 그려 일정 가격에서 수요한 양을 최대한 공급한다. 결국 생산량은 수

요 측 요인에 의해 결정되므로 만약 수요량이 d에서 d'으로 증가하면, 가격은 일정 상태를 유지하며 균형점이 e에서 e'로 변한다.

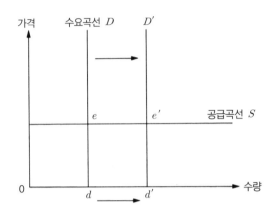

그림 2.3 산업연관모형의 수요곡선과 공급곡선

2.5.3 소비 패턴의 변화

전통적 산업연관모형에서 통상 가계소비량은 외생변수로 하고, 생산요소의 투입량이나 가계의 수지에 대한 균형은 고려하지 않는다. 가계 내생화 모형은 가계수지의 균형이 이루어지는 소비량을 내생적으로 다루는 것인데, 소비 패턴이 변하는 것은 아니다. 한편 CGE 모형은 가계의 효용최대화 문제를 풀어 각 재화의 소비량을 결정한다. 나아가 효용이 최대화되면 소비 이외에 노동의 일부를 여가로 전환하거나, 장래의 소비를 위해 저축하는 등 구조변화도 일어날 수 있다. CGE 모형에서는 CES형 효용함수 등을 도입하여 상대가격의 변화에 따른 재화수요의 조합이 받는 영향을 분석할 수 있다.

2.5.4 적용 범위

전통적인 산업연관모형은 지금까지 해설한 것처럼 수급균형에서 균형산출모형을 가격균형식에서 가격결정모형을 유도할 수 있다. 전자는 최종수요의 외생적 변화에 의한 생산파급효과를 분석하고, 후자는 외생적인 부가가치의 변화 또는 특정 산업 부문의 가격변화에 의한 가격파급효과를 분석할 수 있다. 단, 이 모형들은 생산량과 가격을 동시에 결정하지 않으므로, 균형산출모형에서 생산량이 증가한다 해도 가격이 변하지 않는다. 그러나 CGE 모형은 상대가격이 변하면 생산요소 간 대체가 일어나므로 생산량과 가격이 동시에 변화한다. 산업연관분석이나 CGE 분석을 적용할 때, 이와 같은 점에 주의해야 한다.

도로나 철도 등 사회자본정비에 대한 경제성 평가를 할 경우, 소위 사업효과분석은 산업연관모형에 의해 경제파급효과를 분석하는 경우가 많다(사업효과, 시설효과 등 사회자본의 정비효과 분류에 대해 [中村 1997] 참조). 사업효과를 분석할 때 최종수요의 대부분은 건설산업에서 초래되므로, 해당사업의 건설수요액을 직접 건설산업의 수요가 늘어난 것으로 간주하면, 다른 사업에서도 비슷한 효과가 나타나게 되어 버린다. 이러한 이유 때문에 사회자본정비에 대한 사업종별 분석을 고려할 수 있도록, 건설 부문 분석용 산업연관표의 데이터 등을 이용하여 수요액을 필요 자재구성비에서 각 산업 부문에 할당하고, 그것을 최종수요로써 생산파급효과를 측정하는 것이 바람직하다([石川 1998] 참조). 한편 시설효과를 분석할 때 CGE 모형을 이용하는데, 예를 들면 시간 단축에 의한 경제적 효과 등을 분석할 수 있으며, 다음에 설명할 EV 등에 의해 편익을 추계할 수 있기 때문이다.

2.6 엑셀을 활용한 산업연관표의 조정

2.6.1 CGE 분석을 위한 전국산업연관표의 수정

3장에서 CGE 모형 구축에 사용하는 기준균형 데이터를 작성할 목적으로 산업연관표의 입수에서부터 기준균형 데이터의 작성에 이르는 과정을 해설할 것이다(전통적 산업연관모형의 엑셀 계산방식 설명은 생략한다[藤川 2005 등 참조]).

이 책에서는 기준균형 데이터로 부문통합 등 조정을 마친 산업연관표를 사용하며 직사각형의 SAM에 대해 간략히 보충 설명한다. 여기에서 사용하는 SAM은 산업연관표에서 정보를 얻어 작성한 간이형이므로 보다 자세한 SAM을 작성하려면 앞에서 설명한 바와 같이 국민계정이나 다른 통계 데이터를 이용할 필요가 있다.

여기서는 전국을 대상으로 표 2.10과 같은 간이 SAM을 작성하는 순서를 설명한다.

표 2.10 전국 범위 간이 SAM

(단위 : 백만 엔)

	제1차 산업	제2차 산업	제3차 산업	노동	자본	순간접세	가계	정부	투자	국내	국내생산액
제1차 산업	1,558,932	8,612,891	1,402,552				3,874,706	0	967,198	72,018	16,488,296
제2차 산업	2,554,688	153,628,779	55,721,229				61,589,964	459,179	107,402,008	46,597,315	427,953,163
제3차 산업	2,278,501	85,986,402	146,831,779				215,525,542	85,247,038	21,919,532	10,817,384	568,606,178
노동	1,275,384	80,152,939	194,160,825								275,589,148
자본	6,167,952	39,276,104	144,429,725								189,873,781
순간접세	534,232	17,351,124	16,962,422								34,847,778
가계				275,589,148	189,873,781						465,462,929
정부						34,847,778	50,858,439				85,706,217
투자							133,614,278			−3,325,540	130,288,738
국내	2,118,607	42,944,924	9,097,646								54,161,177
국내생산액	16,488,296	427,953,163	568,606,178	275,589,148	189,873,781	34,847,778	465,462,929	85,706,217	130,288,738	54,161,177	

[2000년 (평성 12년) 산업연관표] 근거 저자 작성

(1) 산업연관표의 입수

먼저 일본의 산업연관표는 인터넷을 통하여 쉽게 입수할 수 있으며, 2000년을 대상으로 한 산업연관표(거래기본표)는 13부문, 32부문, 104부문이 있다.

전국 대상 산업연관표는 정부통계종합창구에서 내려받을 수 있는데, 'e-Stat'의 주소는 http://www.stat.go.jp/data/io/ichiran.htm(2009. 05. 31 기준)이다. 이 연습은 위 홈페이지에서 2000년의 32부문 거래 기본표를 입수하는 것부터 시작한다(그림 2.4).

		01 농림수산업	02 광업	03 식료품	04 섬유제품	05 펄프 · 종이 · 목제품	06 화학제품	07 석유 · 석탄제품	08 요업 · 토석제품	09 철강
01	농림수산업	1,558,469	523	7,558,197	57,754	579,408	55,374	372	436	14
02	광업	209	3,490	31	27	19,852	65,809	5,773,477	577,789	405,623
03	식료품	1,070,203	0	5,384,010	15,852	24,748	107,715	60	3,829	19
04	섬유제품	67,644	7,729	49,199	1,859,665	92,482	22,555	5,069	23,024	11,074
05	펄프 · 종이 · 목제품	211,937	3,832	669,265	68,948	3,850,673	416,569	613	171,563	15,770
06	화학제품	653,871	12,362	348,150	599,911	493,339	7,653,259	38,565	202,106	104,422
07	석유 · 석탄제품	188,037	13,928	111,211	25,939	118,764	1,024,277	657,531	103,438	262,567
08	요업 · 토석제품	16,852	189	168,350	4,043	94,621	165,941	8,398	725,423	142,061
09	철강	1,354	1,662	0	259	110,472	1,102	0	64,146	7,812,433
10	비철금속	0	224	47,714	134	26,224	100,711	143	33,776	124,204
11	금속제품	16,782	26,367	742,391	15,441	194,257	257,485	18,457	78,070	16,698
12	일반기계	274	6,680	13	0	27,790	834	109	23,532	8,416
13	전기기계	3,757	633	475	129	2,850	2,006	76	140	158
14	수송기계	73,900	55	0	0	0	0	0	0	0
15	정밀기계	1,069	28	116	82	624	617	12	341	51
16	기타의 제조공업제품	150,961	17,595	1,069,124	287,237	453,612	656,426	55,395	214,044	531,543
17	건설	80,907	9,079	74,716	29,275	93,179	181,417	25,980	123,513	144,857
18	전기 · 가스 · 열공급	81,551	37,612	415,300	99,001	496,983	1,034,111	122,110	310,319	685,840
19	수도 · 폐기물처리	10,374	5,508	124,228	25,209	49,555	192,139	11,953	42,551	44,859

그림 2.4 입수한 산업연관표

(2) 가계외 소비지출의 내생화

가계외 소비지출은 산업연관표에 외생 부문으로 편성되어 있으나, 전술한 바와 같이 CGE 데이터베이스로 이용하려면 내생 부문으로 전환시켜야 한다. 먼저 행 부문에서 가계외 소비지출의 산업 부문 구성비를 산출하고, 구성비에 따라 최종수요 부문의 각 가계외 소비지출액을 내생 부문으로 할당한다(그림 2.5).

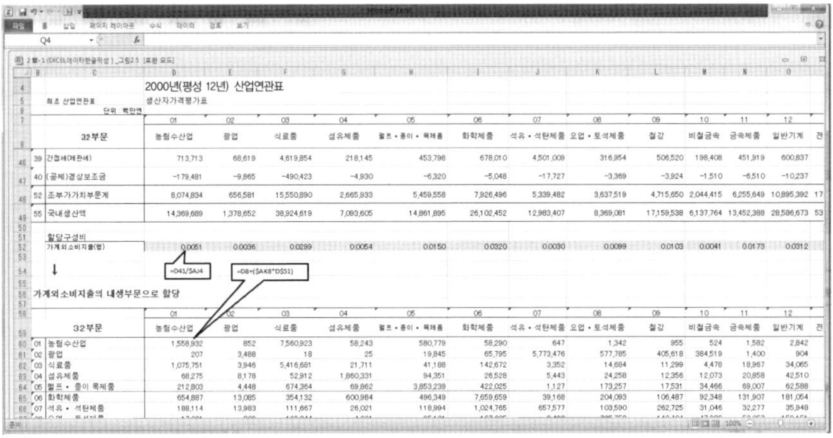

그림 2.5 가계외 소비지출의 내생화 작업

(예) 가계외 소비지출 전체 합계에서 차지하는 농림수산업 가계외 소비지출의
구성비＝0.0051

(3) 부가가치 부문의 통합

여기에서 작성하는 약식 일본 SAM의 부가가치 부문은 노동, 자본, 순간접세로 설정한다. 이 부문과 산업연관표의 대응관계는 표 2.11과 같으며, 이것에 기초하여 통합작업을 수행한다.

표 2.11 부가가치의 통합대응 부분

노동(고용자소득)	고용자소득
자본(영업잉여, 자본감모)	영업잉여, 자본감모충당, 순간접세(간접세 및 경상보조금)
순간접세	간접세, (공제) 경상보조금

(4) 최종수요 부문의 통합

최종수요 부문에 대응하는 부문으로 가계, 정부, 투자 부문을 설정하고, 산업연관표와의 대응관계에 기초하여 부문 통합을 한다(표 2.12).

표 2.12 최종수요의 통합대응 부문

가계	민간소비지출
정부	일반정부소비지출
투자	총고정자본 형성(공적), 총고정자본 형성(민간), 재고순증
국외	수출, 수입

(5) 내생 부문의 통합

32산업 부문을 제1차 산업, 제2차 산업, 제3차 산업 등 세 부문으로 통합한다. 통합은 집계행렬을 작성한 후, 내생 부문의 거래행렬에 집계행렬을 곱한다.

$$X' = GXG' \tag{2.27}$$

단 X' : 통합 후 거래액표($n \times n$), X : 통합 전 거래액표($m \times m$), G : 집계행렬($m \times n$), G' : 집계행렬($n \times m$)이다.

이제 엑셀에서 MMULT 함수(행렬의 곱)를 이용하여 집계행렬을 통합 부문 분류에 맞추면 간단히 통합표를 작성할 수 있다(그림 2.6).

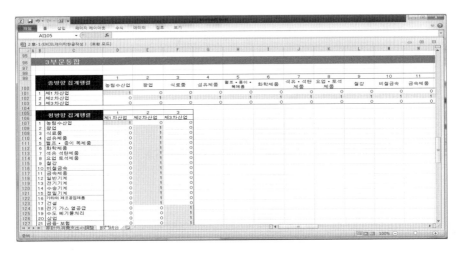

그림 2.6 집계행렬의 설정

지금까지의 작업으로 산업연관표는 그림 2.7과 같이 수정된다.

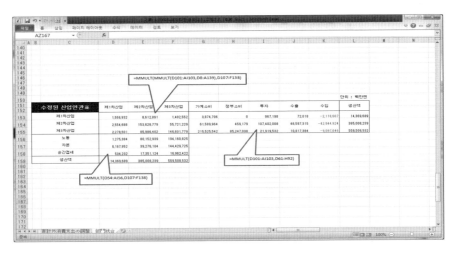

그림 2.7 집계행렬을 이용한 통합결과

(6) 수정산업연관표와 SAM 형식의 전개

마지막으로 작성하는 SAM 부문은 각 산업 부문 이외에 노동, 자본, 순간접세, 가계소비, 정부소비, 투자, 국외 부문 등이다. 여기에서 각 산업의 열 부문과 가계소비, 정부소비, 투자, 외국(국외) 부문에 대한 산업 부문으로부터 지불은 산업연관표에서 직접 입력할 수 있다.

가계소비(행) – 노동(열) 부문은 각 산업 부문에 대한 노동투입액(고용자소득)을 합한다. 같은 방식으로 가계소비(행) – 자본(열) 부문은 각 산업 부문에 대한 자본투입액, 정부소비(행) – 순소비세(열) 부문은 각 산업 부문에서 간접소비세액을 합계한다.

정부소비(행) – 가계소비(열) 부문은 정부의 지출합계에서 정부소비(행) – 순간접세(열)를 뺀 값이다. 또 투자(행) – 가계소비(열)는 '가계의 총소득'으로부터 '가계의 소비합계와 정부(행) – 가계(열)의 합계'를 뺀 금액이다. 마지막으로 투자(행) – 국외(열) 부문은 국외(행) (수입합계)와 국외(열) (수출합계)의 차액이다.

이상의 순서를 따르면 그림 2.8과 같은 간이 SAM이 작성된다.

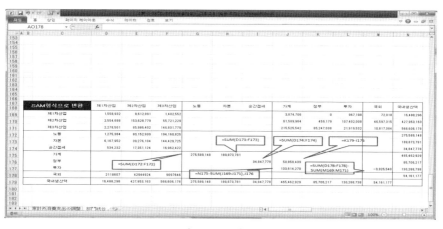

그림 2.8 간이 SAM

2.6.2 SCGE 분석을 위한 두 지역 간 산업연관표

4장에서 해설할 SCGE 모형은 두 지역 간 산업연관표가 필요하다. 이 책에서는 오사카부의 산업연관표를 SCGE 모형용 두 지역 간 산업연관표로 수정하였는데, 기본적으로 부문 조정 및 통합방법은 전국산업연관표의 수정방법과 같다.

오사카부는 오사카부 내를 대상으로 한 지역 내 산업연관표와 오사카 이외의 지역을 타긴키(他近畿) 지역, 긴키 외(近畿外) 지역으로 분할하여 세 지역 간 산업연관표를 공표하고 있다.[†] 이 책에서는 2000년 세 지역 간 산업연관표를 두 지역 세 부문 지역 간 산업연관표로 수정하였다. 오사카부의 지역 간 산업연관표는 13부문과 32부문이 공표되어 있으므로, 이 책에서는 13부문 표를 이용하여 통합작업을 하였다. 지역 구분은 오사카부, 타긴키 지역(후쿠이, 시가, 교토, 효고, 나라, 와카야마), 긴키외 지역으로 나뉘어져 있지만, 이 책에서는 두 지역 간 SCGE 모형 해설용으로 오사카부와 타긴키 지역을 통합하여 긴키 지역으로 하였다. 또 산업 부문은 전국표와 같이 제1차 산업, 제2차 산업, 제3차 산업으로 통합하였다(표 2.13).

표 2.13 긴키(近畿) 지역과 그 이외 두 지역 간 산업연관표

(단위 : 백만 엔)

산업연관표의 재구성		긴키(近畿)			기타		
		제1차 산업	제2차 산업	제3차 산업	제1차 산업	제2차 산업	제3차 산업
긴키	제1차 산업	61,011	528,318	119,279	10,049	97,388	19,855
	제2차 산업	92,230	14,560,721	6,506,672	155,792	11,426,658	3,940,570
	제3차 산업	116,006	12,196,575	21,274,741	107,330	4,111,238	4,418,771
기타	제1차 산업	32,289	455,321	114,812	1,455,584	7,531,854	1,148,604
	제2차 산업	64,808	10,521,974	3,137,089	2,247,964	118,617,568	42,365,589
	제3차 산업	30,695	3,088,527	4,118,571	2,018,363	66,930,291	114,952,647

† 역자 주 : 긴키 지방은 일본 혼슈(本州)의 중서부 지방으로 오사카부, 교토부 등 2부와 미에, 시가, 효고, 나라, 오카야마 등 5개 현으로 구성되어 있다.

표 2.13 긴키(近畿) 지역과 그 이외 두 지역 간 산업연관표(계속)

산업연관표의 재구성		긴키(近畿)			기타		
		제1차 산업	제2차 산업	제3차 산업	제1차 산업	제2차 산업	제3차 산업
긴키	고용자 소득	84,882	13,568,623	31,383,243	21,077	1,174,300	2,875,440
	영업잉여	408,373	6,464,271	24,934,571	105,440	599,983	2,184,592
	순간접세	32,245	2,823,441	3,009,973	9,351	263,575	257,233
기타	고용자 소득	4,034	482,030	912,186	1,165,394	64,929,214	158,988,725
	영업잉여	17,243	216,599	769,211	5,636,898	31,995,950	116,540,650
	순간접세	1,414	101,747	78,948	491,218	14,164,240	13,614,393
생산액		945,229	65,008,148	96,359,295	13,424,460	321,842,259	461,307,069

긴키(近畿)			기타			수출	(공제)수입	생산액
가계	정부	자본 형성	가계	정부	자본 형성			
327,542	0	74,585	37,538	0	6,379	4,733	− 341,448	945,229
5,990,211	37,561	13,418,490	4,851,013	20,498	3,612,521	7,492,093	− 7,096,881	65,008,148
33,322,781	13,424,746	2,565,022	3,423,517	45,583	1,035,012	2,111,880	− 1,793,907	96,359,295
370,379	0	− 1,100	3,139,243	0	887,384	67,347	− 1,777,257	13,424,460
4,702,025	29,199	3,575,430	46,112,372	371,925	86,979,079	38,947,310	− 35,830,073	321,842,259
6,729,063	62,958	827,486	171,984,528	71,713,747	17,308,450	8,863,354	− 7,321,611	461,307,069

산업연관분석은 분석에 필요한 통계 데이터가 풍부하고 계산도 비교적 용이하기 때문에 지금까지 많은 연구와 실무에 활용되어왔다. 최근 여러 지역을 대상으로 하는 지역 간 산업연관표가 개발되기도 하고, 지역설정을 임의로 하는 산업연관표 작성기법도 개발되어 있으므로 다양한 지역을 대상으로 분석할 수 있게 되었다.

또한 SAM은 일본에서는 그다지 소개되지 않았지만, 국가나 지역경제구조를 상세히 분석하는 틀을 제공하며, CGE 모형을 구축할 때 기준균형 데이터로 사용되는 사례도 많다. 그러므로 실무에서 산업연관분석이나 CGE 분석을 할 경우, 산업연관표나 SAM에 대한 부문 개념 또는 분석 목적에 맞는 수정방법을 확실히 몸에 익혀두는 것이 좋을 것이다.

제3장

CGE 모형의 이론과 응용

제 3 장
CGE 모형의 이론과 응용

3.1 들어가는 말

CGE 분석이란 레온티에프·왈라스가 연구한 일반균형이론을 실증하기 위해 고안된 일련의 분석기법을 총칭하는 것이다. 이 기법은 현실의 경제활동을 완전경쟁상태라고 가정한 다음 재화 및 생산요소의 양과 가격을 시장균형이 달성된 안정(균형)상태에서 정량적으로 나타낸다. 본 장은 CGE 분석기법과 정책평가(특히 교통시설정비평가)에 응용하는 방법을 설명한다.

왈라스가 연구한 일반균형이론에 따르면 시장에서 거래되는 재화(재화와 서비스)의 가격은 수요함수와 공급함수의 교점에서 결정된다. 결국 현실 경제를 생각하면 산업이 생산한 모든 재화와 생산에 필요한 모든 투입요소(통상은 자본, 노동 및 중간재)가 수급균형에 의해 동시에 균형을 이룬다는 의미이다.

CGE 분석은 기준시점에서 현실 사회는 균형상태이며, 모든 재화의 가격은

1로 기준화되어 있다고 가정하여 모형을 구축한다. 이와 같이 가정하면 기준시점의 재화에 대한 수요·공급량은 금전단위가 되며, 일반적으로 입수할 수 있는 사회경제 데이터의 정합성을 파악할 수 있다는 이점이 있다. 특히 앞장에서 소개한 산업연관표가 각 재화의 고유한 수량단위를 갖는다는 점과 방정식 체계에 대하여 하나의 기준시점에서 균형해를 재현하는 것으로 파라미터를 조정하면 되기 때문에, 거시계량모형과 같이 다수의 시계열 데이터나 통계처리를 하지 않아도 된다는 이점이 있다. 또 한 가지 중요한 가정은 모든 산업의 생산기술이 규모에 대해 수확일정의 법칙을 적용한다는 점이다. 이 가정에 의하면 CGE 모형 내에서 각 재화 생산량의 산출에 대하여 계산 알고리즘을 간략히 할 수 있다는 이점이 있다. 종합하면 CGE 모형은 ① 기준균형상태를 가정함으로써 현실의 사회경제 데이터를 이용할 수 있다는 점, ② 파라미터 설정이 기계적으로 이루어진다는 점(파라미터 칼리브레이션), ③ 마지막으로 산업의 생산기술은 규모에 대해 수확일정의 법칙을 가정하여 생산요소시장의 양적인 수급균형만 고려하면 된다는 점 등 3가지 이점 덕분에 실증분석을 쉽게 할 수 있다는 것이 가장 큰 특징이다.

다음은 이 모형을 정책평가에 응용하는 경우를 생각해보자. 위에서 설명한 것처럼 기준균형을 재현하는 모형은 왈라스적인 완전경쟁을 재현하는 데 지나지 않으므로, 독점이나 외부성 등 소위 시장실패(예를 들어, [常木 2002])를 명시적으로 나타낼 수 없다. 그러므로 기준균형상태는 완전경쟁이 아니라 시장실패를 포함한 상태를 재현할 수 있어야 한다. 그래서 정책을 실시한 결과가 완전경쟁상태에 근접한 상태로 재현되고, 그 과정에서 발생하는 후생변화를 정책의 편익으로 간주함으로써 정책평가를 실시한다. 사실 이러한 정책의 모형화가 CGE 분석을 실용화하는 데 가장 중요한 점이다.

분석이 일반균형이론을 따른다면 정책의 모형화는 이론에 부합되어야 한다. 일반균형이론의 특징은 첫째, 자원이 유한하다고 보는 점이다. 따라서 모든 경제활동은 유한한 자원으로 수행되어야 한다. 둘째, 특정 조건하에서 방정식 체계의 해로써 가격(균형가격)은 하나이며 안정성이 보증된다. 그러므로 정책 모형화를 잘못한 경우 이 두 가지 특징을 충족시킬 수 없으며, 그 결과 균형해가 구해지지 않거나 혹은 복수의 해가 구해질 수 있다. 또 설령 해가 구해졌다 하더라도 후생분석의 편익계측 결과가 정책 판단 과정에 의미 있는 역할을 하지 못할 수도 있다. 그러므로 작성한 모형이 이론적으로 타당한가 혹은 그렇지 않은가는 왈라스 법칙의 성립 여부를 반드시 확인해야 한다. 또 왈라스 법칙은 계산 단계에서 언제나 같은 값을 보여준다는 특징이 있으므로 모형의 이론적 타당성뿐만 아니라 기준균형 데이터의 적합성 또는 프로그램의 정확성을 확인하는 데 유용하다. 따라서 산출결과의 신뢰성을 확인할 때, 왈라스 법칙의 성립 여부는 가장 중요한 지표 중 하나가 될 수 있다. 특히 마지막으로 열거한 특징인 프로그램 작업의 올바름을 확인할 수 있다는 이점은 CGE 모형으로 누가 분석하든 같은 결과를 도출하게 하는 기법이라는 의미이므로 객관성이 확보된 증거라 하겠다.

3.2 CGE 모형의 개요

3.2.1 모형에 사용되는 변수 리스트

모형에 사용되는 변수 리스트는 표 3.1과 같다. 그리고 재화와 산업의 종별을 나타내는 라벨(label) 변수는 다음과 같이 사용한다.

$$i \in I = \{1, 2, 3, \cdots, I\} : 재화의 \ 종류를 \ 표시하는 \ 라벨$$

$$j \in J = \{1, 2, 3, \cdots, J\} : 산업의 \ 종별을 \ 표시하는 \ 라벨$$

단, $I = J$: 재화의 종별 총수를 표시한다.

표 3.1 모형에 사용되는 변수

(a) 가계효용함수의 계수

계수	명칭	의미
β_i	재화소비비율(share)계수	가계의 소비에서 차지하는 재화 i의 소비비율
σ	대체탄력성	소비재에 대한 대체탄력성

(b) 생산함수, 부가가치함수 계수

계수	명칭	의미
a_{ij}	투입계수(수송마진 제외)	산업 j의 생산에서 차지하는 재화 i의 중간재 투입(수송마진 제외)비용의 비율
a_{0j}	부가가치비율	산업 j의 생산에서 차지하는 산업 j의 부가가치 비율
α_j	분배계수(노동)	산업 j의 부가가치에서 차지하는 산업 j의 노동투입 비율(자본 투입비율은 $1 - \alpha_j$)
ϕ	부가가치투입 대체탄력성	부가가치생산에서 노동·자본투입의 대체탄력성
η_j	부가가치투입 효율계수	산업 j의 노동·자본투입의 효율성을 표현하는 계수

(c) 외생변수

계수	명칭	의미
L	가계의 노동보유량	가계 소유 노동의 양
K	가계의 자본보유량	가계 소유 자본의 양
t	수송마진율	재화 수요에 필요한 수송마진율(Iceberg형 가정)

(d) 내생변수

계수		명칭	의미
수량변수	X_i	생산량	재화 i의 생산량
	x_{ij}	중간재의 합성재 투입량	산업 j가 투입하는 중간재 i의 양
	VA_j	부가가치투입량	산업 j가 투입하는 부가가치의 양
	l_j	노동투입량	산업 j가 투입하는 노동의 양
	k_j	자본투입량	산업 j가 투입하는 자본의 양
	f_j	소비재소비량	가계가 소비하는 재화 i의 소비량
가격변수	P_i	재화가격	산업 j에서 생산된 재화·서비스의 가격(생산자가격)
	w	임금률	노동의 가격
	r	자본렌트	자본의 가격
효용변수	U	효용	가계의 효용

3.2.2 모형의 전제

모형이 표현하는 사회경제는 다음과 같다고 가정한다.

① 사회경제에는 대표 가계와 각 종류의 재화를 생산하는 대표 산업이 있다. 대표 산업이란 같은 종별의 재화를 생산하는 기업을 같은 기업으로 간주하여 집계적으로 다루는 것이다. 다시 말하면 동종별 기업의 집합체인 하나의 산업을 한 개의 기업처럼 간주한다고 가정하는 것이다.

② 사회경제에는 J 종류의 재화가 있다.

③ 생산요소시장에는 노동과 자본이 있고, 이 생산요소시장을 대상으로 하는 사회경제는 폐쇄 시스템이므로 역외와의 유출입이 없다.

④ 재화시장도 폐쇄경제를 가정하므로, 해당 사회경제 안에서 생산된 재화

는 전부 역내에서 수요된다.

⑤ 모든 시장은 완전경쟁적이며 장기균형상태이다. 재화를 수요할 경우 수송
을 해야 하므로 수요자 가격은 생산자가격에 운송마진이 추가된다. Iceberg
형 수송기술을 가정하였으므로 본래는 소비나 중간재 투입에 쓰일 수요량
의 일정비율이 수송을 위한 투입물로 구입자에 의해 수요된다(그림 3.1).

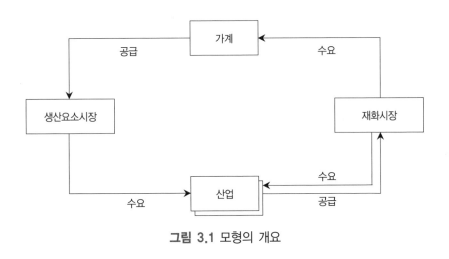

그림 3.1 모형의 개요

3.2.3 가계의 행동모형

대표 가계는 산업에서 생산한 재화를 소비함으로써 얻은 효용을 소득 제약
하에 최대화한다고 가정하며, 다음과 같이 정식화한다.

$$V = \max_{f_1, \cdots, f_i} U\ (f_1,\ \cdots,\ f_i) \tag{3.1a}$$

$$s.t.\ \ \sum_{i \in I}(1+t)\,P_i f_i = wL + rK \tag{3.1b}$$

단, V : 간접효용함수, U : 직접효용함수, f_i : 가계에 의한 재화 i의 소비량 (수요량), L : 가계의 노동공급량(고정), K : 가계의 자본보유량, P_i : 재화 i의 생산자가격, t : 수송마진율, w : 임금률, r : 자본렌트이다.

직접효용함수는 CES(constant elasticity of substitution : 대체탄력성 일정) 형으로 정식화한다.

$$U = \left(\sum_{i \in I} \beta_i f_i^{\frac{\sigma-1}{\sigma}} \right)^{\frac{\sigma}{\sigma-1}} \tag{3.2}$$

단, $\beta_1, \cdots, \beta_i$: 지출분배비율계수, σ : 다른 재화 간 소비의 대체탄력성이다. 재화 i에 대한 최적화 문제를 풀면 수요량 f_i를 구할 수 있다.

$$f_i = \left[\frac{\beta_i}{(1+t)P_i} \right]^{\sigma} \frac{wL + rK}{\sum_{i \in I} \beta_i^{\sigma} [(1+t)P_i]^{1-\sigma}} \tag{3.3}$$

3.2.4 산업의 행동모형

재화 j를 생산하는 산업 j의 행태는 다음과 같이 비용최소화 행동으로 정식화한다. 먼저 생산함수는 레온티에프 기술을 가정한다.

$$X_j = \min \left(\frac{VA_j(l_j, k_j)}{a_{0j}}, \frac{x_{1j}}{a_{1j}}, \frac{x_{2j}}{a_{2j}}, \cdots, \frac{x_{Ij}}{a_{Ij}} \right) \tag{3.4}$$

단, X_j : 산업 j의 생산량, l_j : 산업 j의 노동투입량, k_j : 산업 j의 자본투입량, x_{ij} : 산업 i에서 산업 j로 투입된 중간재 i의 투입량, VA_j : 산업 j의 부가가치함수, $a_{ij}(i \neq 0)$: 투입계수(수송마진 제외), a_{0j} : 1단위 생산에 필요한 부가가치비율이다.

산업의 비용최소화는 다음과 같이 부가가치 1단위당 투입되는 생산요소에 관한 비용최소화 문제로 풀 수 있다.

$$\min_{l_j,\, k_j} \quad wl_j + rk_j \tag{3.5a}$$

$$s.t. \quad VA_j(l_j, k_j) = 1 \tag{3.5b}$$

부가가치함수는 CES형으로 가정한다.

$$VA_j = \eta_j \left[\alpha_j (l_j)^{\frac{\phi-1}{\phi}} + (1-\alpha_j)(k_j)^{\frac{\phi-1}{\phi}} \right]^{\frac{\phi}{\phi-1}} \tag{3.6}$$

단, η_j : 생산효율성계수, α_j : 파라미터(노동), ϕ : 노동과 자본 간의 대체탄력성이다. 이것을 풀면 산업 j가 부가가치 1단위를 생산하는 데 필요한 노동과 자본의 요소수요량이 다음과 같이 구해진다.

$$D_{lj} = \frac{1}{\eta_j} \left(\frac{\alpha_j}{w} \right)^{\phi} \left[(\alpha_j)^{\phi} w^{1-\phi} + (1-\alpha_j)^{\phi} r^{1-\phi} \right]^{\frac{\phi}{1-\phi}} \tag{3.7a}$$

$$D_{kj} = \frac{1}{\eta_j} \left(\frac{1-\alpha_j}{r} \right)^{\phi} \left[(\alpha_j)^{\phi} w^{1-\phi} + (1-\alpha_j)^{\phi} r^{1-\phi} \right]^{\frac{\phi}{1-\phi}} \qquad (3.7b)$$

생산함수를 레온티에프 기술로 가정하면, 즉 이 생산함수가 규모에 대해 수확일정의 법칙이 성립하려면 재화가격은 재화 1단위당 평균비용과 같아야 한다.

$$P_j = \frac{(wl_j + rk_j) + \sum_{i \in I} P_i(1+t)x_{ij}}{X_j} = a_{0j}(wD_{l^j} + rD_{k^j}) + \sum_{i \in I} P_i(1+t)a_{ij}$$
$$(3.8)$$

또 모든 종류의 재화를 정리하여 행렬로 표시하면 다음과 같다.

$$
{}^t\begin{bmatrix} P_1 \\ \vdots \\ P_j \\ \vdots \\ P_J \end{bmatrix} = {}^t\begin{bmatrix} a_{01}(wD_{l^1} + rD_{k^1}) \\ \vdots \\ a_{0j}(wD_{l^j} + rD_{k^j}) \\ \vdots \\ a_{0J}(wD_{l^J} + rD_{k^J}) \end{bmatrix} [I_J - (1+t)I_J \, {}^t A]^{-1} \qquad (3.9)
$$

단, I_J : 단위행렬, A : 투입계수행렬, 위첨자 t 는 벡터·행렬의 전치를 의미한다. 식 (3.9)를 계산하면 재화가격 P_j 를 구할 수 있다.

3.2.5 역외수지에 관한 주의

현실 경제에는 수출입(이출입) 거래가 있으므로, 수출 초과 혹은 수입 초과 등이 발생한다. 수출(이출)액과 수입(이입)액이 일치하지 않는 경우, 역외로부터 소득 이전이나 자본이동이 발생한다. 그러나 이것은 상급 과제에 속하므로 초보자를 위한 이 책의 범위를 넘는 것이다. 그러므로 본 장에서는 수출입이 존재하지 않는다고 가정한 간이모형을 소개한다. 다른 방식으로 해석하면 수출과 수입이 완전히 일치하는 균형상태를 모형화한 것이라 하겠다. 모형분석의 대상이 되는 사회경제에 수출입이 차지하는 비율이 낮거나, 혹은 분석대상 정책이 수출입에 크게 영향을 미치지 않은 경우 등은 이와 같이 가정할 수 있다. 그러나 경제 규모에 대하여 수출입 규모가 큰 경우, 분석대상이 되는 정책 (예를 들면 관세정책 등)이 수출입에 큰 영향을 미치는 경우 등에서 수출입을 무시하는 가정은 적절하지 않다. 이와 같은 경우에는 경상수지의 불균형을 명시화하는 모형이나 다음 장에 소개될 복수지역을 고려한 SCGE 모형 구축을 검토할 필요가 있다.

3.2.6 시장균형 조건

본 모형은 생산함수에서 '규모에 대한 수확일정'을 가정하기 때문에 산업은 언제나 수요에 부합하는 생산을 한다. 단, Iceberg형 수송기술을 가정하고 있으므로 생산량의 일정 비율은 수송을 위한 투입물로 수요하게 된다. 즉, 중간수요, 최종수요 모두 수송비에 소요되는 재화를 고려해야 하므로 항상 다음 식이 성립한다.

$$X_i = \sum_{j \in J} (1+t) x_{ij} + (1+t) f_i \qquad (3.10)$$

그러므로 다음의 생산요소시장만이 균형조건으로서 의미를 지닌다.

$$\sum_{i \in I} a_{0i} X_i D_{l^i}(w, r) = L \qquad (3.11a)$$

$$\sum_{i \in I} a_{0i} X_i D_{k^i}(w, r) = K \qquad (3.11b)$$

3.2.7 편익에 대한 정의

등가적 편차(equivalent variation : EV)를 사용하여 다음과 같이 편익([Varian 1992] 또는 [森杉編著 1997] 참조)을 정의한다.

$$EV = (w_a L + r_a K) \left(\frac{U_b - U_a}{U_a} \right) \qquad (3.12)$$

단, a, b는 각각 정책의 전후를 나타내는 첨자이다.

3.2.8 왈라스 법칙의 확인

그러면 위의 모형이 왈라스형 일반균형모형으로 정합성이 있는지 확인하기 위해 먼저 왈라스 법칙의 성립에 대해 고찰해볼 필요가 있다. 왈라스 법칙이 성립한다는 것은 모형을 폐쇄형으로 간주하며, 편익계측모형은 자원(본원적 생산요소)이 유한하다는 전제하에 경제체계가 성립한다는 의미이다. 왈라스 법칙을 확인하는 방법은 몇 가지가 있으나 여기서는 가장 간단한 방법으로 설명한다. 이해를 돕기 위해 산업 부문을 3개라고 가정한다. 단, 부문의 수가 증가한다 해도 확인 방법은 같다.

먼저 모형 내의 재화에 대한 수요균형은 식 (3.10)에 의해 식 (3.13)과 같이 열거한다. 이것은 산업연관표의 행(횡방향)의 합계를 생산량을 기초하여 기술한 것이며, 재화시장이 균형상태라면 반드시 성립하는 조건이다. 여기에서도 Iceberg형 특성을 지닌 교통비용에 상당하는 가격분의 생산량 변화를 고려해야 한다.

$$\left.\begin{array}{l} X_1 = (1+t)x_{11} + (1+t)x_{12} + (1+t)x_{13} + (1+t)f_1 \\ X_2 = (1+t)x_{21} + (1+t)x_{22} + (1+t)x_{23} + (1+t)f_2 \\ X_3 = (1+t)x_{31} + (1+t)x_{32} + (1+t)x_{33} + (1+t)f_3 \end{array}\right\} \qquad (3.13)$$

다음은 산업연관표에 대하여 2장에서 설명한 바와 같이 생산에 관한 비용구성과 산업의 수입(收入)이 일치한다는 조건을 식 (3.14)와 같이 나타낸다.

$$\left.\begin{array}{l} P_1 X_1 = (1+t)P_1 x_{11} + (1+t)P_2 x_{21} + (1+t)P_3 x_{31} + wl_1 + rk_1 \\ P_2 X_2 = (1+t)P_1 x_{12} + (1+t)P_2 x_{22} + (1+t)P_3 x_{32} + wl_2 + rk_2 \\ P_3 X_3 = (1+t)P_1 x_{13} + (1+t)P_2 x_{23} + (1+t)P_3 x_{33} + wl_3 + rk_3 \end{array}\right\} \qquad (3.14)$$

식 (3.13)에 재화의 생산지(생산자) 가격을 양변에 곱하여 식 (3.15)를 얻는다.

$$\left.\begin{array}{l} P_1 X_1 = (1+t)P_1 x_{11} + (1+t)P_1 x_{12} + (1+t)P_1 x_{13} + (1+t)P_1 f_1 \\ P_2 X_2 = (1+t)P_2 x_{21} + (1+t)P_2 x_{22} + (1+t)P_2 x_{23} + (1+t)P_2 f_2 \\ P_3 X_3 = (1+t)P_3 x_{31} + (1+t)P_3 x_{32} + (1+t)P_3 x_{33} + (1+t)P_3 f_3 \end{array}\right\} \quad (3.15)$$

마지막으로 세대의 소득제약조건에 의해 식 (3.16)을 도출한다.

$$(1+t)P_1 f_1 + (1+t)P_2 f_2 + (1+t)P_3 f_3 = wL + rK \qquad (3.16)$$

식 (3.14), (3.15)에 의해 식 (3.17)을 도출한다.

$$\left.\begin{array}{l} (1+t)P_1 x_{11} + (1+t)P_2 x_{21} + (1+t)P_3 x_{31} \\ + (1+t)P_1 x_{12} + (1+t)P_2 x_{22} + (1+t)P_3 x_{32} \\ + (1+t)P_1 x_{13} + (1+t)P_2 x_{23} + (1+t)P_3 x_{33} \\ + wl_1 + rk_1 + wl_2 + rk_2 + wl_3 + rk_3 \\ = (1+t)P_1 x_{11} + (1+t)P_1 x_{12} + (1+t)P_1 x_{13} + (1+t)P_1 f_1 \\ + (1+t)P_2 x_{21} + (1+t)P_2 x_{22} + (1+t)P_2 x_{23} + (1+t)P_2 f_2 \\ + (1+t)P_3 x_{31} + (1+t)P_3 x_{32} + (1+t)P_3 x_{33} + (1+t)P_3 f_3 \end{array}\right\} \quad (3.17)$$

양변을 정리하면 다음과 같은 식이 도출된다.

$$wl_1 + rk_1 + wl_2 + rk_2 + wl_3 + rk_3 = (1+t)P_1 f_1 + (1+t)P_2 f_2 + (1+t)P_3 f_3$$
$$(3.18)$$

우변에 식 (3.16)을 대입하면 다음 식을 얻게 된다.

$$wl_1 + rk_1 + wl_2 + rk_2 + wl_3 + rk_3 = wL + rK \qquad (3.19a)$$

식 (3.19a)를 정리하면 (3.19b)가 된다.

$$w(l_1 + l_2 + l_3 - L) + r(k_1 + k_2 + k_3 - K) = 0 \qquad (3.19b)$$

이것은 미시경제학 교과서에 소개되어 있는 왈라스 법칙을 나타내는 항등식이다. 가격변수 $w,\ r$의 값이 제로가 아닌 경우, 노동시장에서 초과수요(공급을 상회하는 크기) $l_1 + l_2 + l_3 - L$와 자본시장에서의 초과수요 $k_1 + k_2 + k_3 - K$ 중 어느 한쪽이 제로가 되면 다른 쪽도 반드시 제로가 된다. 이 식이 항등식으로 만족되지 않으면 구축된 모형은 폐쇄모형이 아니라는 뜻이므로, 모형식을 수정해야 한다.

3.2.9 파라미터의 칼리브레이션

CGE 모형의 특징인 한 시점의 기준균형 데이터에서 파라미터를 결정하는 소위 칼리브레이션 기법에 대해 설명한다. CGE 모형의 칼리브레이션은 사회회계표 또는 산업연관표를 이용할 수 있다. 교통시설정비에 의한 효과를 계측하는 CGE 모형은 산업연관표에 포함되어 있는 정보만으로 모형을 구축할 수 있기 때문에 본 장에서는 산업연관표를 이용한 칼리브레이션 방법에 대하여 해설한다. 단, 조세의 재분배정책 등 제도 부문 간 소득 이전을 분석 범주에 포함시킬 경우 사회회계표를 이용하는 것이 바람직하다. 사회회계표의 칼리브레이션은 [細江, 我澤, 橋本 2004]를 참고하기 바란다.

칼리브레이션 기법은 가격을 정의하는 방법에 따라 몇 가지가 있으나 여기에서는 생산자가격을 1로 설정하여 해설한다.

(1) 산업연관표의 정리

산업연관표의 최종수요 항목에는 가계, 정부, 투자, 수출(이출) 및 수입(이입 : 공제)에 상당하는 열(역외)이 있다. 여기에서 설명하는 모형은 가계와 정부를 각각의 경제 주체로 구별하지 않으며, 소비와 투자도 구별하지 않고 전체 최종수요를 소비로 간주한다. 따라서 가계, 정부, 투자 등 3열을 합하여 최종수요 한 열로 만든다. 특히 폐쇄경제를 가정한 경우 역외 부문에 해당하는 값을 전부 국내최종수요에 합산한다. 이렇게 정리하면 부가가치와 국내최종수요가 일치하고 국내총생산에 대한 삼면등가의 법칙이 성립한다.

(2) 효용함수의 파라미터

효용함수의 파라미터를 결정한다. 구하는 파라미터는 지출배분 파라미터 β_i 이다.

$$\beta_i = \frac{P_{0i}(1+t)(f_{0i})^{\frac{1}{\sigma}}}{\sum_{i \in I} \left[P_{0i}(1+t)(f_{0i})^{\frac{1}{\sigma}} \right]} \tag{3.20}$$

(3) 생산함수의 파라미터

생산함수에 포함된 파라미터를 결정한다. 구해야 하는 파라미터는 부가가치 비율 a_{0j} 및 투입계수(수송마진 제외) a_{ij}이다. 부가가치비율은 생산비에서 차지하는 부가가치의 비율로 구할 수 있다. 또 투입계수는 생산액에 대한 수송마진을 뺀 중간투입재가치의 비율로 구할 수 있다.

$$a_{0j} = \frac{w_0 l_{0j} + r_0 k_{0j}}{P_{0j} X_{0j}} \tag{3.21a}$$

$$a_{ij} = \frac{P_{0i} x_{0ij}}{P_{0j} X_{0j}} \tag{3.21b}$$

단, w_0 : 기준시점의 임금률, r_0 : 기준시점의 자본렌트, l_{0j} : 기준시점 산업 j의 노동투입량, k_{0j} : 기준시점 산업 j의 자본투입량, x_{0ij} : 기준시점 산업 i에서 j로 투입된 중간투입량, P_{0j} : 기준시점 산업 j의 재화가치, X_{0j} : 기준시점 산업 j의 생산량이다.

여기에서 기준균형 데이터에 대한 중간투입액은 수송마진 t를 포함시킨 값이므로 수송마진은 외생변수로 설정할 필요가 있다. 수송마진 값은 기준균형 데이터에서 파악할 수 없으므로, 칼리브레이션으로 구할 수 없는 경우가 많다. 이 경우에는 산업의 비용구조 데이터 등 기준균형 데이터 이외의 데이터를 활용하거나 모형의 감도분석 등으로 적절한 값을 설정하는 방식으로 대응해야 한다.

(4) 부가가치함수의 파라미터

부가가치함수에 포함되어 있는 파라미터를 결정한다. 구해야 하는 파라미터는 노동분배 파라미터 α_j와 생산효율성 파라미터 η_j이다. 분배 파라미터는 부가가치에서 차지하는 노동투입비의 비율로 구할 수 있다.

$$\alpha_j = \frac{w_0 (l_{0j})^{\frac{1}{\phi}}}{w_0 (l_{0j})^{\frac{1}{\phi}} + r_0 (k_{0j})^{\frac{1}{\phi}}} \tag{3.22}$$

일반균형이론에서 균형상태는 산업의 초과이윤이 제로가 되는 제로이윤조건이 성립한다. 그러므로 생산효율성 파라미터 η_j를 도출하려면 일반균형상태에서 부가가치가 생산요소비용 $w_0 l_{0j} + r_0 k_{0j}$와 같다는 관계를 이용한다.

$$\eta_j = \frac{w_0 l_{0j} + r_0 k_{0j}}{\left[\alpha_j l_{0j}^{\frac{\phi-1}{\phi}} + (1-\alpha_j) k_{0j}^{\frac{\phi-1}{\phi}}\right]^{\frac{\phi}{\phi-1}}} = \frac{1 \cdot l_{0j} + 1 \cdot k_{0j}}{\left[\alpha_j l_{0j}^{\frac{\phi-1}{\phi}} + (1-\alpha_j) k_{0j}^{\frac{\phi-1}{\phi}}\right]^{\frac{\phi}{\phi-1}}} \tag{3.23}$$

이 식은 앞에서 정의한 부가가치 식 (3.6)을 이용할 수 있다.

$$VA_j = \eta_j \left[\alpha_j (l_j)^{\frac{\phi-1}{\phi}} + (1-\alpha_j)(k_j)^{\frac{\phi-1}{\phi}}\right]^{\frac{\phi}{\phi-1}} \tag{3.6}$$

3.2.10 소비의 대체탄력성 파라미터의 설정

본 모형에서 대체탄력성이란 소비재 간의 대체탄력성 σ이다. 기존 연구에서 대체탄력성은 소비자 행동을 실증분석하여 추정한 값을 이용하는 방식으로 대응하였으나, 연구 성과에 따라 결과에 큰 차이를 보이는 경우가 적지 않았다. 그러므로 실제 정책분석에 적용하려면 감도분석을 하여 값의 크기에 따라 결과가 어떻게 달라지는 검토하지 않으면 안 된다. 다만, 다음 절은 CGE 모형 계산방법을 연습하는 것에 중점을 두었으므로 $\sigma = 2.0$으로 설정하였다.

3.2.11 균형계산의 알고리즘

CGE 모형의 균형계산방법 및 알고리즘은 기존 연구로부터 다양한 방법이 제안되었다. 균형계산방법을 대별하면 ① CGE 모형의 방정식 체계를 비선형 연립방정식으로 구축하여 해를 구하는 방법, ② CGE 모형 내에서 사회적 후생을 정의하고 각 생산요소가격을 조작변수로, 균형방정식을 제약조건으로 하여 사회적 후생최대화 문제를 푸는 방법(Negishi Method)이 있다[(Ginsburg and Keyzer 1997)]. 패키지화된 최적화 계산 프로그램(예를 들어 GAMS가 대표적인 소프트웨어이다. [細江, 我澤, 橋本 2004]은 GAMS를 이용하여 CGE 모형의 계산방식을 해설하였다)을 이용하여 CGE 모형을 풀 때에는 ② 방법을 이용하는 경우가 많다. 한편 ② 방식은 모형이 일반균형이론에 부합되지 않은 경우에도 최적화 문제의 해가 균형해의 계산결과로 구해질 수 있다. 이와 같은 문제를 피하기 위하여 여기서는 ① 방법을 선택하였다.

연립방정식을 푸는 ① 방식에도 몇 가지 접근방식이 있다. 예를 들어 왈라스 법칙의 특징을 이용하여 근사적으로 모든 재화·생산요소의 초과수요가 제로가 되는 점을 탐색하는 부동점 알고리즘으로 스카프 알고리즘, 메리울 알고리즘([市岡 1991], [鷲田 2004]) 등이 있다. 비선형 연립방정식의 일반적인 해법이며 뉴톤법으로 대표되는 알고리즘 [茨城, 福島 1993]도 CGE 모형의 계산법으로 유효하다. 이 알고리즘들은 반복계산, 판정(判定), 분기(分岐) 등의 처리가 필요하므로 프로그래밍 언어에 적절하나, 엑셀과 같은 스프레드시트(spreadsheet)에서 기술하기는 곤란하다. 따라서 대체방법으로 엄밀하게 절차가 보증된 것은 아니나, 스프레드시트에서 간편히 계산할 수 있는 균형계산 방법을 해설한다.

계산방법의 아이디어는 간단하다. 조작변수가 되는 재화·생산요소 가격 중에서 초과수요의 절댓값이 가장 큰 재화·생산요소에 대응하여 가격을 조정하는 것이다. 예를 들면 본 장의 모형은 모든 재화가 수요에 적당한 양만큼 공급된다고 가정하고 있기 때문에 초과수요가 발생하는 곳은 노동과 자본 두 생산요소시장뿐이다. 한편 한 재화의 가격을 기준재로 고정시켜놓기 때문에 균형계산에서 구해야 할 생산요소가격은 나머지 한 변수뿐이다. 이 모형은 자본가격을 1로 고정시키고($r = 1$), 일반균형이 성립하는 노동임금률(노동의 가격 w)을 계산하면 된다.

계산 알고리즘은 다음과 같다. ① 노동임금률에 임의의 초깃값(기준시 1)을 부여하고 이 가격체계에서 노동의 초과수요를 계산한다. ② 노동의 초과수요의 값이 양(+)이면, 초깃값보다 노동임금률이 높은 것이므로 노동임금률을 조절한다. 조절의 정도는 초과수요를 노동공급량과 노동수요량의 합으로 나눈 값에 일정비율을 곱한 값, 소위 초과수요율에 대응하여 변하는 값으로 한다. 초과수요가 음(−)인 경우 임금효율화 방향은 반대가 된다. ③ 이 과정은 초과수요가 충분히 작은 값에 가까워질 때까지 반복하여 균형 해를 산출한다.

3.2.12 계산 순서

다음은 본 장의 모형에 대한 구체적인 계산 순서이다.

1) 외생변수 L, K의 파라미터 a_{0j}, a_{ij}, α_j, η_j, β_i, σ, ϕ를 입력한다.
2) 임금률 w에 초깃값으로 1을 부여한다.
3) 2)에 의거, 식 (3.7)을 이용하여 부가가치 1단위당 노동과 자본의 요소수요함수 D_{lj}, D_{kj}를 결정한다.

$$D_{lj} = \frac{1}{\eta_j}\left(\frac{\alpha_j}{w}\right)^{\phi}\left[(\alpha_j)^{\phi}w^{1-\phi}+(1-\alpha_j)^{\phi}r^{1-\phi}\right]^{\frac{\phi}{1-\phi}}$$

$$D_{kj} = \frac{1}{\eta_j}\left(\frac{1-\alpha_j}{r}\right)^{\phi}\left[(\alpha_j)^{\phi}w^{1-\phi}+(1-\alpha_j)^{\phi}r^{1-\phi}\right]^{\frac{\phi}{1-\phi}}$$

4) 3)에 의거, 식 (3.8)과 식 (3.9)를 이용하여 생산재가격 P_j를 결정한다.

$$^t\begin{bmatrix} P_1 \\ \vdots \\ P_j \\ \vdots \\ P_J \end{bmatrix} = {}^t\begin{bmatrix} a_{01}(wD_{l^1}+rD_{k^1}) \\ \vdots \\ a_{0j}(wD_{l^j}+rD_{k^j}) \\ \vdots \\ a_{0J}(wD_{l^J}+rD_{k^J}) \end{bmatrix}[I_J-(1+t)I_J\,{}^tA]^{-1}$$

5) 4)에 의거, 식 (3.3)을 이용하여 역내 최종수요 f_i가 결정된다.

$$f_i = \left[\frac{\beta_i}{(1+t)P_i} \right]^{\sigma} \frac{wL + rK}{\displaystyle\sum_{i \in I} \beta_i^{\sigma} [(1+t)P_i]^{1-\sigma}}$$

6) 5)에 의거, 최종수요가 구해지므로 시장균형조건식 (3.10)을 투입계수행렬을 이용하여 나타내고 생산량 X_i에 대해 풀면, 다음과 같이 각 재화의 생산량 X_i가 결정된다.

$$\begin{bmatrix} X_1 \\ \vdots \\ X_i \\ \vdots \\ X_I \end{bmatrix} = [I_I - (1+t)I_I A]^{-1} \begin{bmatrix} (1+t)(f_1) \\ \vdots \\ (1+t)(f_i) \\ \vdots \\ (1+t)(f_I) \end{bmatrix}$$

7) 6)에 의거, 생산요소인 노동과 자본의 수요량 l_j, k_j가 결정된다.

$$l_j = a_{0j} X_j D_{lj}(w, r)$$
$$k_j = a_{0j} X_j D_{kj}(w, r)$$

8) 7)로부터 노동과 자본의 초과수요량 EDL, EDK가 결정된다.

$$EDL = \sum_{j \in J} l_j - L, \ \ EDK = \sum_{j \in J} k_j - K$$

9) 생산요소의 초과수요량이 수렴조건을 충족하면 계산을 마친다. 수렴조건에 대해서는 8)에 표시한 EDL 및 EDK의 절댓값이 충분히 작은 값(예를 들어 0.1 등)보다 작은가 혹은 그렇지 않은가에 의해 판정한다. 수렴조건이 충족되지 않으면 $w' = w + \gamma \cdot \dfrac{EDL}{L}$의 축차갱신 규칙에 의해 구한 w'을 새로운 생산요소가격 w에 부여하여 3)으로 되돌아간다. 여기에서 γ는 임의로 값을 선택할 수 있지만 균형 값으로 수렴되는 상황을 확인하며 시행착오를 겪는 것이 바람직하다. γ의 값을 크게 잡으면 가격의 갱신 폭이 커지므로 균형해로 향하는 수렴속도가 빨라질 수 있으나, 역으로 빠른 속도로 균형해로부터 멀어질 수 있다. 본 장에서 소개한 모형은 $\gamma = 1$에서 대체로 안정적으로 균형해에 수렴하였다. 이 가격갱신 규칙은 노동의 초과수요가 양(+)이면 임금률 w이 균형가격보다 낮은 상태이므로 갱신 후 값이 커지는 방향으로 변한다는 노동시장의 가격조정 메커니즘을 간단히 표현한 것이다.

이상의 계산 순서를 흐름도로 정리하면 그림 3.2와 같다.

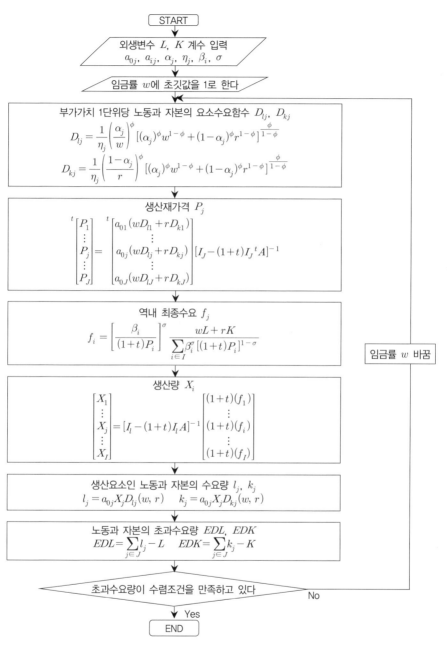

그림 3.2 CGE 모형의 계산 흐름도

3.3 엑셀에 의한 CGE 모형의 계산방법

3.3.1 엑셀 파일에 대하여

본 절에서는 엑셀을 사용하여 CGE 모형을 구축한 다음 균형계산 및 정책 평가를 간단히 수행하는 방법을 설명한다. 여기에서 이용한 엑셀 파일의 시트 구성은 표 3.2와 같으며, 이하 표의 캡션은 셀에 정리되어 있는 시트 이름을 달고 있다.

표 3.2 엑셀 파일의 시트구성

시트명	내용
Oridata	기준 데이터셋(data set)인 산업연관표
Para	모형 구축을 위한 파라미터나 외생 값
Model	CGE 모형의 균형계산

3.3.2 기준균형 데이터셋 작성

먼저 CGE 모형의 파라미터를 추정하는 데 필요한 산업연관표를 준비한다. 이하에서는 2장에서 작성한 전국 산업연관표(표 3.3)를 이용한다. 본 장은 역외와의 수출입(이출입) 거래가 존재하지 않는 경제를 가정하므로 수출입은 국내최종수요에 포함시킨다. 또 국내최종수요의 내역도 가계소비, 정부소비, 투자를 구분하지 않고, 모두 하나의 최종수요 항목으로 종합한다. 따라서 2장에서 작성한 산업연관표의 최종수요 부분의 각 열을 합계하여 '국내최종수요'라는 한 열로 통합한다.

표 3.3 2장에서 작성한 전국산업연관표

(단위 : 백만 엔)

수정된 산업연관표	제1차 산업	제2차 산업	제3차 산업	가계소비	정부소비	투자	수출	수입	생산액
제1차 산업	1,558,932	8,612,891	1,402,552	3,874,706	0	967,198	72,018	−2,118,607	14,369,689
제2차 산업	2,554,688	153,628,779	55,721,229	61,589,964	459,179	107,402,008	46,597,315	−42,944,924	385,008,239
제3차 산업	2,278,501	85,986,402	146,831,779	215,525,542	85,247,038	21,919,532	10,817,384	−9,097,646	559,508,532
노동	1,275,384	80,152,939	194,160,825						
자본	6,167,952	39,276,104	144,429,725						
순간접세	534,232	17,351,124	16,962,422						
생산액	14,369,689	385,008,239	559,508,532						

산업연관표의 부가가치 부문에는 노동과 자본 행 이외에 순간접세 행이 있다. 본 장의 모형에는 정부 부문을 명시화하지 않기 때문에 순간접세도 가계에 분배되는 것으로 간주한다. 순간접세의 값은 산업자체에서 노동과 자본의 비율에 따라 노동 행과 자본 행에 각각 가산한다.

3.3.3 파라미터의 칼리브레이션

파라미터의 칼리브레이션을 하기 전에 가격과 수량의 단위를 정의한다. 준비된 산업연관표는 백만 엔 단위로 표시되어 있기 때문에 최소 금액단위는 백만 엔을 단위로 한다. 그러므로 임금률, 자본렌트, 모든 재화의 생산자가격은 1, 즉 백만 엔으로 가정한다. 이렇게 하면 산업연관표의 각 항목의 값을 양적으로 해석할 수 있게 된다. 단 중간투입과 최종수요의 수량은 수송마진을 포함한 값이라는 점에 주의해야 한다.

(1) 생산함수의 파라미터

식 (3.21)에 표시된 생산함수의 파라미터는 표 3.4의 산업연관표로부터 추정한다. 산업 생산함수의 파라미터인 부가가치비율 a_{0j}(식 (3.21a)) 및 투입계수(수송마진 제외) a_{ij}(식 (3.21b))는 산업연관표에서 직접 도출한다. 단, 투입계수를 산출할 때 중간투입수요는 기준균형상태에서 가정한 수송마진을 뺀 값으로 수정한 다음 계산한다. 이를 위하여 수송마진을 뺀 중간재 투입수요 및 최종수요를 미리 산출해두는 것이 편리하다. 중간재 투입수요와 최종수요를 '1 + 수송마진율'에서 빼므로, 각각 수송마진을 제한 값을 구할 수 있다(표 3.5).

표 3.4 가공된 산업연관표(Oridata)

(단위 : 백만 엔)

	제1차 산업	제2차 산업	제3차 산업	최종수요	생산액
제1차 산업	1,558,932	8,612,891	1,402,552	2,795,315	14,369,689
제2차 산업	2,554,688	153,628,779	55,721,229	173,103,542	385,008,239
제3차 산업	2,278,501	85,986,402	146,831,779	324,411,850	559,508,532
노동	1,366,922	91,797,875	203,887,729		
자본	6,610,646	44,982,292	151,665,243		
생산액	14,369,689	385,008,239	559,508,532		

표 3.5 수송마진을 뺀 중간투입수요와 최종수요(Para)

	제1차 산업	제2차 산업	제3차 산업	최종수요
제1차 산업	1,417,211	7,829,901	1,275,047	2,541,195
제2차 산업	2,322,444	139,662,527	50,655,663	157,366,856
제3차 산업	2,071,364	78,169,456	133,483,436	294,919,864

식 (3.21b)에 의해 투입계수행렬을 도출한다(표 3.6).

표 3.6 투입계수(수송마진 제외) a_{ij}(Para)

	제1차 산업	제2차 산업	제3차 산업
제1차 산업	0.099	0.020	0.002
제2차 산업	0.162	0.363	0.091
제3차산업	0.144	0.203	0.239

같은 방식으로 식 (3.21a)에 의거하여 부가가치계수를 도출한다(표 3.7).

표 3.7 부가가치비율 a_{0j}(Para)

제1차 산업	제2차 산업	제3차 산업
0.555	0.355	0.635

(2) 부가가치함수의 파라미터

산업 부가가치함수의 파라미터인 분배 파라미터 α_j(식 (3.22)) 및 생산효율성 파라미터 η_j(식 (3.23))은 산업연관표의 노동소득 l_{0j}와 자본소득 k_{0j} 값을 이용하고, $w_0 = 1$, $r_0 = 1$을 대입하여 직접 도출할 수 있다(표 3.8, 3.9).

표 3.8 분배 파라미터 α_j(Para)

	제1차 산업	제2차 산업	제3차 산업
α_j	0.212	0.644	0.561
$1 - \alpha_j$	0.788	0.356	0.439

표 3.9 생산효율성 파라미터 η_j(Para)

제1차 산업	제2차 산업	제3차 산업
1.631	1.902	1.982

(3) 효용함수의 파라미터

가계효용함수의 파라미터인 지출분배 파라미터 β_i는 앞에서 산출해놓은 수송마진을 뺀 최종수요 f_{0i}에 외생적으로 설정한 수송마진율을 더한 다음 식 (3.20)에 대입하여 추정한다(표 3.10).

표 3.10 효용함수의 지출분배 파라미터 β_i(Para)

제1차 산업	제2차 산업	제3차 산업
0.051	0.401	0.548

3.3.4 표준균형의 재현성 확인

이상의 기준 데이터셋, 파라미터에 기초하여 CGE 모형의 균형계산을 실행할 수 있다. 이하에서는 3.2.12항의 계산 순서에 따라 균형계산방법을 보여주며 기준균형의 재현성을 확인할 것이다.

1) 외생변수 L, K, 운송마진율 t, 파라미터 a_{0j}, a_{ij}, α_j, η_j, β_i, σ, ϕ를 입력한다(표 3.11).

표 3.11 외생변수 L, K(Para)

	제1차 산업	제2차 산업	제3차 산업	계(보유량)
노동	1,366,922	91,797,875	203,887,729	297,052,527
자본	6,610,646	44,982,292	151,665,243	203,258,180

그리고 기준균형시점의 수송마진율은 10%로 가정한다(표 3.12).

표 3.12 수송마진율 t(Para)

수송마진율 t	0.10

위 값에 의해 외생변수 및 파라미터는 다음과 같이 계산된다. 만약 결과가 아래 값에 일치하지 않다면 칼리브레이션의 어느 단계에서 오류가 발생하여 기준균형상태가 재현되지 않는 것이므로 수식을 고쳐볼 필요가 있다(표 3.13).

표 3.13 계수 a_{0j}, a_{ij}, α_j, η_j, β_i, σ, ϕ(Model)

	제1차 산업	제2차 산업	제3차 산업
부가가치비율 a_{0j}	0.555	0.355	0.635

투입계수 a_{ij}	제1차 산업	제2차 산업	제3차 산업
제1차 산업	0.099	0.020	0.002
제2차 산업	0.162	0.363	0.091
제3차 산업	0.144	0.203	0.239

	제1차 산업	제2차 산업	제3차 산업
분배계수 α_j	0.212	0.644	0.561
분배계수 $1 - \alpha_j$	0.788	0.356	0.439

	제1차 산업	제2차 산업	제3차 산업
효율성계수 η_j	1.631	1.902	1.982

	제1차 산업	제2차 산업	제3차 산업
분배계수 β_i	0.051	0.401	0.548

표 3.13 계수 a_{0j}, a_{ij}, α_j, η_j, β_i, σ, ϕ(Model)(계속)

대체 탄력성 ϕ	1.20
소비재의 대체탄력성 σ	2.00

2) 임금률 w에 초깃값 1을 부여한다(표 3.14).

표 3.14 임금률 w(Model)

임금률 w	1.000 000

3) 2)에 의거, 부가가치 단위당 노동과 자본의 수요함수 D_{lj}, D_{kj}가 결정된다(표 3.15).

표 3.15 노동과 자본의 요소수요함수 D_{lj}, D_{kj}(Model)

	제1차 산업	제2차 산업	제3차 산업
D_{lj}	0.171	0.671	0.573
D_{kj}	0.829	0.329	0.427

4) 3)에 의거, 생산재가격 P_j가 결정된다(표 3.16).

표 3.16 생산재가격 P_j(Model)

	제1차 산업	제2차 산업	제3차 산업
P_j	1.000	1.000	1.000

5) 4)에 의거, 각 산업에 대한 최종수요 f_i가 결정된다(표 3.17).

표 3.17 역내 최종수요 f_i(Model)

	f_i
제1차 산업	2,541,195
제2차 산업	157,366,856
제3차 산업	294,919,864

6) 5)에 의거, 생산량 X_i가 결정된다(표 3.18).

표 3.18 생산량 X_i(Model)

	X_i
제1차 산업	14,369,689
제2차 산업	385,008,239
제3차 산업	559,508,532

7) 6)에 의거, 생산요소인 노동과 자본의 수요량 l_j, k_j가 각각 결정된다(표 3.19).

표 3.19 생산요소인 노동과 자본의 수요량 l_j, k_j(Model)

	제1차 산업	제2차 산업	제3차 산업
l_j	1,366,922	91,797,875	203,887,729
k_j	6,610,646	44,982,292	151,665,243

8) 7)에 의거, 노동과 자본의 초과수요량 EDL, EDK가 결정된다(표 3.20).

표 3.20 노동과 자본의 초과수요량 EDL, EDK(Model)

EDL	0.000
EDK	-0.000

표준균형상태에서 노동과 자본의 초과수요량 EDL, EDK는 둘 다 제로가 되어야 한다. 이것이 성립하지 않으면 기준균형상태가 재현되지 않는다는 의미이며, 위 계산절차 어딘가에 오류가 일어난 것이므로 찾아 고쳐야 한다.

3.3.5 영차동차성과 왈라스 법칙의 확인

(1) 영차동차성의 확인

영차동차성을 확인하기 위해 기준균형상태에서 설정한 가격변수인 임금률 w와 이자율 r의 값이 1에서 2로 두 배가 되었을 때, 수량 변수인 생산요소의 초과수요는 0으로 변화되지 않는 것을 확인한다(표 3.21, 3.22).

표 3.21 임금률 w와 이자율 r 2배(Model)

임금률 w	2.000 000
자본렌트 r	2.000 000

표 3.22 가격변수 w, r 2배한 경우의 수량변수(생산요소수요량)(Model)

EDL	0.000
EDK	-0.000

(2) 왈라스 법칙의 확인

식 (3.19b)를 이용하면 기준균형점에서 설정한 가격, 그 가격으로 계산한 생산요소시장의 수요, 기준균형점에서 생산요소시장의 공급을 대입하면 왈라스 법칙이 성립하는지 확인할 수 있다(표 3.23).

표 3.23 왈라스 법칙의 확인(Model)

w	l_1	l_2	l_3	L	$w(l_1 + l_2 + l_3 - L)$
1.000	1,366,922	91,797,875	203,887,729	297,052,527	0.000
r	k_1	k_2	k_3	K	$r(k_1 + k_2 + k_3 - K)$
1.000	6,610,646	44,982,292	151,665,243	203,258,180	-0.000

3.3.6 균형계산의 알고리즘

정책 시나리오에서 설정한 값으로 계산하면, 모형의 노동과 자본에 대한 초과수요량 EDL, EDK은 당연히 제로가 되지 않는다. 이 초과수요의 절댓값을 줄이려면 가격변수인 임금률 w를 변화시켜야 한다. 구체적으로 노동의 초과수요가 양($+$)이라면 노동수요가 초과한 것이므로 임금률을 올린다. 반면 노동 초과수요가 음($-$)인 경우에는 노동의 공급이 초과한 것이므로 임금률을 감소시킨다. 이러한 조정을 초과수요량의 절댓값이 제로가 될 때까지 반복한다.

3.3.7 정책 시나리오 적용 후 균형상태의 계산과 정책평가방법

이번에는 수송마진율($t = 10\%$)을 감소시켜 9%가 된 경우를 예로 들어 모형을 실행한다. 기본균형점에서 수송마진율t는 10%라고 가정한다. 일반적으로

CGE 모형에 의한 정책평가의 지표로 정책이 초래하는 편익 및 정책 시나리오 적용 전후 생산량 또는 생산액의 변화, 가계소득의 변화, 재화 및 요소가격의 변화, 소비수요의 변화 등이 사용된다. 이 값들을 평가지표로 하여 계산한 결과는 표 3.24와 같다.

표 3.24 수송마진율 변화정책과 주요지표의 변화

	기준균형시점(without)		정책 시나리오 적용 후(with)	
설정값	수송마진율 t	10.00%	수송마진율 t	9.00%
	(1) 수송마진율 t_a		(2) 수송마진율 t_b	
중요 지표	U	210,996,045	U	214,706,552
	(3) 효용 U_a		(4) 효용 U_b	
	단위 : 백억 엔			
	등가편차 EV	3,710,507		
	(5) 등가편차 EV			

편익지표인 등가편차 EV는 기준균형시점의 가격 효용 U_a와 정책 시나리오 적용 후의 가계효용 U_b를 계산한 값을 식 (3.12)에 대입하여 정책 시나리오에 의한 등가편차 EV를 계산한다.

한편 등가편차 EV 이외에도 가격이나 w, r, P_j, f_j, X_j의 변화로 인한 균형 계산을 할 수 있으므로, 기준균형점과 정책 시나리오 적용 후의 변화를 비교하여 쉽게 평가할 수 있다(표 3.25).

표 3.25 임금률 변화정책과 주요지표의 변화

기타지표	기준균형시점(without)				정책 시나리오 적용 후(with)			
	임금률 w	1.000 000			임금률 w	1.000 433		
	자본렌트	1.000 000			자본렌트	1.000 000		
	(1) 임금률 w과 자본렌트 r				(2) 임금률 w과 자본렌트 r			

	제1차 산업	제2차 산업	제3차 산업		제1차 산업	제2차 산업	제3차 산업
P_j	1.000	1.000	1.000	P_j	0.992	0.988	0.994
(3) 재화·서비스가격 P_j				(4) 재화·서비스가격 P_j			

	f_i		f_i
제1차 산업	2,541,195	제1차 산업	2,585,220
제2차 산업	157,366,856	제2차 산업	161,419,420
제3차 산업	294,919,864	제3차 산업	298,825,667
(5) 소비재소비량 f_i		(6) 소비재소비량 f_i	

	X_i		X_i
제1차 산업	14,369,589	제1차 산업	14,309,409
제2차 산업	385,008,239	제2차 산업	386,390,227
제3차 산업	559,508,532	제3차 산업	558,788,564
(7) 생산량 X_i		(8) 생산량 X_i	

3.4 CGE가 충족해야 하는 조건

CGE 모형은 복잡한 구조를 가질 수밖에 없으나, 실무적 CGE 모형이 충족되어야 하는 조건이 있다. 본 장에서 설명한 바와 같이, 일반균형을 규정하는 각종 방정식은 가격에 대해 영차동차함수이며, 왈라스 법칙이 성립되어야 한다. 그러므로 다음 설명은 이 조건을 충족하는 모형의 계산결과의 정확성을 확인하는 것이 목적이다. 여기에서 제시된 조건은 다음 장의 SCGE 모형에서도 역시 성립한다.

(a) 기준재화(numeral goods)의 설정

CGE 모형은 영차동차성을 만족하기 때문에 모형의 해는 각 재화가격의 상대가격만으로 나타낼 수 있다. 이 때문에 시뮬레이션을 할 때 어떤 재화를 고정 값(통상 1)으로 설정할 필요가 있다. 이렇게 기준재화를 설정하는 것이 옳은가에 대해서는 본 장에서 설명한 바와 같이 이 재화에 대해 기준가격을 2배 하였을 때 계산결과가 가격변수에 대하여 2배, 수량변수에 대하여 1배가 되는지 확인해보는 것으로 쉽게 판단할 수 있다.

(b) 시뮬레이션 단계에서 왈라스 법칙의 확인

잘 설계된 CGE 모형의 계산결과는 왈라스 법칙이 충족되어야 한다. 이 점에 대해서도 본 장에서 제시한 방법에 따라 기준균형상태뿐만 아니라 균형 시뮬레이션이 끝난 시점에 대해서도, 모든 재화 또는 생산요소의 초과수요가 제로인지 아닌지 확인해야 한다. CGE 모형의 경우 이론 모형이 제대로 되었음에도 불구하고 프로그래밍의 오류 등으로 값이 제로가 되지 않는 경우도 있다. 프로그래밍 오류가 의심되는 경우에는 철저하게 디버그(debug) 작업을 하지 않으면 안 된다.

(c) 현황 재현성의 확인

바르게 칼리브레이션된 CGE 모형은 완전한 현황 재현성(허용된 충분히 작은 수치 범위에서)이 성립되어야 한다. 현황 재현성이 완전히 성립하지 않으면 파라미터 칼리브레이션 방법 등을 다시 한 번 고쳐볼 필요가 있다.

(d) 소비자잉여와 CGE 분석에 의한 편익의 비교

위의 조건이 충족되면 일반균형상태를 재현하는 모형의 구조적 요건이 충족되었다고 할 수 있으므로, 교통시설정비 등의 정책에 의한 편익을 계측할 수 있다. 마지막 조건은 정책 전(without) 혹은 후(with)에 CGE 분석 시뮬레이션의 결과로부터 계측된 편익이, 교통비용의 감소 등에 의해 영향을 받는 재화의 수요함수로 측정되는 소비자잉여 변화의 총합계와 어느 정도 괴리되는지 조사해야 한다. 이것은 발생 베이스에서 부분균형분석에 의해 소비자잉여로써 계측된 편익과 일반균형분석에 의한 등가 편차로써 측정한 편익을 비교하는 것에 해당한다. 이 값에 큰 차가 없다면 CGE 모형에 의해 추정된 편익은 어느 정도 정확하다 할 수 있다. 허용되는 괴리의 정도에 대해 기준이 정해져 있는 것은 아니므로 경험적 지식에 의존할 수밖에 없다. 그러나 한쪽의 계산이 다른 결과의 2배 정도가 된다면 편익의 괴리가 현저하므로 파라미터나 모형의 설정, 편익의 계산방법 등 CGE 모형 전제조건, 정식화 구조에 오류가 있을 수 있으므로 고쳐볼 필요가 있다. 한편 실무 부문에서 'CGE 모형은 직접효과뿐만 아니라 간접효과를 측정할 수 있기 때문에 편익이 소비자 잉여보다 크게 된다'는 표현은 위의 성질을 잘못 이해한 경우이다. 그러므로 현저한 괴리가 발생하였을 때는 반드시 모형을 재고해야 한다.

CGE 모형의 이론 구축과 시뮬레이션에는 많은 어려움이 따른다. 모형 전체를 이해하는 것은 대단히 어려운 일이나, 수치 시뮬레이션 단계에서 앞의 4가지 조건이 충족되면 대체로 그 결과는 신뢰할 만한 값이라 하겠다. 또한 CGE 모형을 실제 정책분석에 적용하는 것은 아직 연구 단계이므로 CGE 모형의 신뢰성을 확보하는 것이 우선되어야 하며, 앞의 체크 항목은 최소한의 확인 사항이라 하겠다.

제**4**장

SCGE 모형의 이론과 응용

제4장

SCGE 모형의 이론과 응용

4.1 들어가는 말

3장에서 CGE 모형의 기본이론과 엑셀을 활용한 연습에 대해 설명하였다. 이번 장에서는 CGE 모형을 공간적으로 확장한 SCGE 모형을 해설한다.

SCGE 모형을 도입하여 경제분석을 하는 것은 다음 두 가지 이유 때문이다. 먼저 사회자본 정비 중에서도 특히 교통시설정비는 정비수준이 지역 간 교역이라는 공간적인 경제거래에 직접적으로 영향을 미친다. 공간적인 경제거래에 직접영향을 미치는 사건은 전통적인 CGE 모형으로 충분히 표현할 수 없다. 그래서 공간적 차원의 모형 확장이 필요하게 된다. 또한 어떤 시책의 경제적 영향을 분석할 때 결과물(output)이 어떤 지역에 어느 정도의 영향을 미치는가 등 공간적 분포를 파악하고자 하는 경우 SCGE 모형을 활용할 필요가 있다. CGE 모형이 대표적인 가계, 복수의 산업을 상정하고 있는 데 대하여, SCGE 모형은 분할된 지역에 있는 대표적인 가계, 복수의 산업을 상정하여 공간적인 경제거래를 표현하면서 공간적 특징이 있는 세대·산업에 미치는 영향을 개별적으로 분석할 수 있다. 이것이 SCGE 모형을 개발·적용하는 동기이다.

SCGE 모형에 대한 해설은 앞 장과 같이 기준균형상태로써 이론 모형, 파라미터 칼리브레이션, 계산 알고리즘 순으로 진행하며, 도로교통정비의 효과분석을 예로 들어 이론모형, 왈라스 법칙의 확인 방법, 엑셀을 이용한 파라미터 칼리브레이션, 계산 알고리즘의 순으로 연습 내용을 표시한다. 특히 마지막에는 SCGE 모형을 실제 정책분석에 적용하는 것과 관련된 몇 가지 과제를 해설한다.

4.2 SCGE 모형의 개요

4.2.1 모형에 사용되는 변수 리스트

모형에 사용되는 변수 리스트는 표 4.1과 같다. 그리고 지역과 산업은 127쪽 상단의 라벨 변수로 나타낸다.

표 4.1 모형에 사용하는 변수 목록

(a) 가계효용함수의 계수

계수	명칭	의미
γ_j^s	소비합성재시장점유율(share)계수	s 지역 가계소득에서 차지하는 산업 j 재화의 소비합성재의 소비비율
γ_j^{rs}	재화소비시장점유율계수	s 지역 가계가 산업 j의 소비합성재 소비액에서 차지하는 r 지역 산업 j에 대한 소비액 비율
ψ_j^s	소비합성재 환산파라미터	소비합성재 환산에 관한 파라미터
σ_1	대체탄력성	소비합성재에 관한 대체탄력성
σ_2	대체탄력성	소비재에 관한 대체탄력성

표 4.1 모형에 사용하는 변수 목록(계속)

(b) 산업의 생산함수, 부가가치함수의 계수

계수	명칭	의미
a_{ij}^{ts}	투입계수(교통비용 포함)	s지역 산업 j의 생산액에서 차지하는 산업 i로부터 산업 j로의 중간재투입액(수송비포함)의 비율
a_{ij}^{s}	투입계수(교통비용 없음)	s지역 산업 j의 생산액에서 차지하는 산업 i로부터 산업 j로의 중간재투입액(수송비 없음)의 비율
a_{0j}^{s}	부가가치비율	s지역 산업 j의 생산액에서 차지하는 산업 j의 부가가치 비율
α_{j}^{s}	분배 파라미터(노동)	s지역 산업 j의 부가가치에서 차지하는 산업 j의 노동투입액의 비율(자본의 투입비율은 $1-\alpha_{j}^{s}$이다)
η_{j}^{s}	부가가치투입 효율 파라미터	s지역 산업 j의 노동·자본투입의 효율성 계수
ϕ_{ij}^{s}	중간재투입 효율계수	s지역 산업 j의 산업 i로부터의 중간재투입효율성을 나타내는 계수
β_{ij}^{rs}	중간재투입 분배 파라미터	s지역 산업 j에 투입되는 중간합성재투입액에서 차지하는 r지역 산업 i로부터의 중간재투입액의 비율
φ	대체탄력성	중간합성재에 관한 대체탄력성

(c) 외생변수

계수	명칭	의미
L^{r}	가계의 노동보유량	r지역 가계가 소유하는 노동량
K^{r}	가계의 자본보유량	r지역 가계가 소유하는 자본량
t^{rs}	수송마진율	r지역에서 s지역으로의 재화 수송마진율

표 4.1 모형에 사용하는 변수 목록(계속)

(d) 내생변수

계수		명칭	의미
수량 변수	X_i^r	생산량	r지역 산업 i의 생산액
	x_{ij}^s	중간합성재의 투입량	s지역 산업 j에서 산업 i로 지역집계된 중간재투입량
	x_{ij}^{rs}	중간재투입량	s지역 산업 j에 투입된 r지역 산업 i 중간재투입량
	VA_j^s	노동가치투입량	s지역 산업 j가 투입하는 부가가치의 크기
	l_j^s	노동투입량	s지역 산업 j가 투입하는 노동량
	k_j^s	자본투입량	s지역 산업 j가 투입하는 자본
	f_j^s	소비합성재의 소비량	s지역 가계가 소비하는 산업 j 재화의 합성재소비총량
	f_j^{rs}	소비재소비량	s지역 가계가 소비하는 r지역 산업 j의 재화 소비량
가격 변수	P_i^r	재화·서비스가격	r지역 산업 i에서 생산된 재화의 가격 (생산지가격)
	P_{ij}^s	중간재합성가격	s지역 산업 j에 투입된 산업 i의 중간합성재 가격
	PF_j^s	소비합성재가격	s지역 가계가 소비하는 산업 j 재화의 소비합성재 가격
	w^s	임금률	s지역 노동의 가격
	r^s	자본렌트	s지역 자본의 가격
효용 변수	U^s	효용	s지역 가계의 효용

$r \in R = \{1, 2, \cdots, R\}$: 재화의 생산 지역을 나타내는 라벨

$s \in S = \{1, 2, \cdots, S\}$: 재화 소비 지역을 나타내는 라벨

$i \in I = \{1, 2, \cdots, I\}$: 재화의 종류를 나타내는 라벨

$j \in J = \{1, 2, \cdots, J\}$: 산업종별을 나타내는 라벨

단, $R = S$, $I = J$: 각각 지역의 총수 및 재화(재화 및 서비스)의 종별 총수 표시이다.

4.2.2 모형의 전제

그림 4.1과 같이 모형의 대상이 되는 사회경제에 대하여 다음과 같이 가정한다.

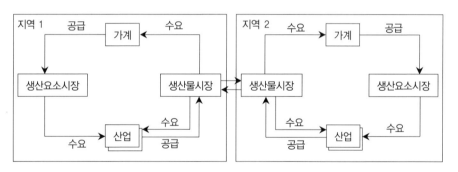

그림 4.1 모형의 개요(두 지역 관계 예시)

① 대상이 되는 지역의 사회경제는 S개 지역으로 분할되어 있다.

② 각 지역에는 J 종류의 재화와 각각 대표산업이 있다. 또 각 지역에는 1개의 대표가계가 있다.

③ 모형에는 동종의 재화 i 또는 j가 있다하더라도 생산된 지역 r이 다를 경우 소비지 또는 투입지에서는 각각 다른 재화 f_i^{rs}, x_{ij}^{rs}로 간주한다(Armington의 가정).

④ 소비재는 교통비용 상당분의 부담이 필요하고, 그것은 재화의 추가적 소비로 표현하며, 그 부분도 산업에 의해 생산된다(Iceberg형 교통비용의 가정).

⑤ 생산요소는 노동과 자본이며 생산요소시장은 각 지역에 국한되나, 생산물시장은 지역 간 개방되어 재화의 유출입이 자유롭게 이루어진다.

⑥ 모든 시장은 완전경쟁적이며, 장기적으로 균형상태가 된다.

4.2.3 가계의 행동모형

지역 $s \in \{1, \cdots, S\}$에는 대표 가계가 있고, 해당 지역과 다른 지역의 재화 $j \in \{1, \cdots, J\}$를 소비한다고 가정하며 그림 4.2와 같이 계층구조(Nested) CES형 효용함수를 갖는다고 가정한다. 1단계는 재화의 소비합성재의 대체관계수를 CES형으로 표현하고, 제2단계에서는 해당 지역 재화와 타 지역 재화의 대체관계를 CES형으로 나타낸다.

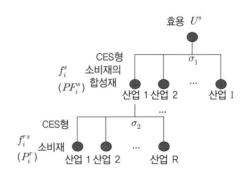

그림 4.2 가계효용함수의 계층구조

제1단계는 소득제약 조건하에서 가계의 효용최대화 행동을 정식화한다. 그러므로 실증분석을 할 때 지역 간 소득 이전을 소득제약식에서 고려해야 한다. 그리고 지역 간 소득이전액은 경제 전체에서 볼 때 합계＝제로가 된다.

$$V^s = \max_{f_i^s} U^s(f_1^s, \cdots, f_i^s) \qquad (4.1a)$$

$$s.t. \quad \sum_{i \in I} PF_i^s f_i^s = w^s L^s + r^s K^s NX^s \qquad (4.1b)$$

단, V^s : 간접효용함수, U^s : 직접효용함수, f_i^s : s 지역 가계의 산업 i 소비합성재소비량, L^s : s 지역의 노동공급량, K^s : s 지역의 자본 보유량, PF_i^s : s 지역 산업i의 소비합성재 가격, NX^s : s 지역의 소득이전(단, $\sum_{s \in S} NX^s = 0$)이다.

효용함수는 CES형으로 정식화한다.

$$U^s = \left(\sum_{i \in I} \gamma_i^s f_i^{s \frac{\sigma_1 - 1}{\sigma_1}} \right)^{\frac{\sigma_1}{\sigma_1 - 1}} \qquad (4.2)$$

단, σ_1은 대체탄력성이다.

식 (4.1)의 최적화 문제를 풀면 다음과 같이 재화종별 i의 소비합성재 수요량 f_i^s가 구해진다.

$$f_i^s = \left[\frac{\gamma_i^s}{PF_i^s} \right]^{\sigma_1} \frac{w^s L^s + r^s K^s - NX^s}{\sum_{i \in I} \gamma_i^{s\sigma_1} PF_i^{s\,1-\sigma_1}} \qquad (4.3)$$

제2단계는 가계의 비용최소화 행동에 대해 다음과 같이 정식화한다.

$$\min_{f_i^{rs}} \sum_{r \in R} (1 + t^{rs}) p_i^r f_i^{rs} \qquad (4.4a)$$

$$s.t. \quad f_i^s = F_i^s(f_i^{1s}, f_i^{2s}, \cdots, f_i^{Rs}) \qquad (4.4b)$$

단, t^{rs} : 수송마진율, p_i^r : r지역 산업 i의 재화 생산지가격, f_i^{rs} : s지역 가계가 소비하는 r지역 산업 i의 재화소비량이다.

가계의 재화종별 i의 소비합성재수요함수를 다음과 같이 CES형으로 정식화한다.

$$f_i^s = \psi_i^s \left(\sum_{r \in R} \gamma_i^{rs} f_i^{rs\,\frac{\sigma_2-1}{\sigma_2}} \right)^{\frac{\sigma_2}{\sigma_2-1}} \qquad (4.5)$$

단, ψ_i^s : 소비합성재 환산 파라미터, γ_i^{rs} : 재화소비점유율 파라미터, σ_2 : 대체탄력성이다.

식 (4.4)를 풀면 소비합성재 1단위당 소비재수요량 cf_i^{rs}을 구할 수 있다.

$$cf_i^{rs} = \frac{f_i^{rs}}{f_i^s} = \left[\frac{\gamma_i^{rs}}{(1+t^{rs})P_i^r}\right]^{\sigma_2} \psi_i^{s(\sigma_2-1)} PF_i^{s\sigma_2} \tag{4.6}$$

또 재화종류별 i의 소비합성재가격 PF_i^r은 식 (4.4)의 최적화 문제에 부수되는 라그랑주 승수(Lagrange Multiplier)의 역수에 의해 다음과 같이 구할 수 있다.

$$PF_i^s = \frac{1}{\psi_i^s}\left[\sum_{r \in R}\gamma_i^{rs\sigma_2}\left[(1+t^{rs})P_i^r\right]^{1-\sigma_2}\right]^{\frac{1}{1-\sigma_2}} \tag{4.7}$$

4.2.4 산업행태모형의 전제

s지역의 재화종별 j를 생산하는 산업 j의 생산구조를 그림 4.3과 같이 계층구조 CES형으로 가정한다. Armington의 가정에 기초하여 중간투입에 사용되는 재화는 같은 종별 재화라 할지라도 지역별로 구별하여 각각의 재화로 모형화한다.

산업행태는 비용최소화를 원칙으로 하며, 생산함수에 대하여 제1단계는 레온티에프(Leontief) 기술로 정식화한다.

$$X_j^s = \min\left(\frac{VA_j^s(l_j^s, k_j^s)}{a_{0j}^s}, \frac{x_{1j}^s}{a_{1j}^{ts}}, \frac{x_{2j}^s}{a_{2j}^{ts}}, \cdots, \frac{x_{Ij}^s}{a_{Ij}^{ts}} \right) \tag{4.8}$$

단, X_j^s : s지역 산업 j의 생산량, l_j^s : s지역 산업 j의 노동투입량, k_j^s : s지역 산업 j의 자본투입량, x_{ij}^s : 산업 i에서 s지역 산업 j로 투입된 중간합성재 (Iceberg형 교통비상당분 포함), VA_j^s : s지역 산업 j의 부가가치, a_{ij}^{ts} : 투입계수(Iceberg형 교통비상당분 포함), a_{0j}^s : 부가가치 비율이다.

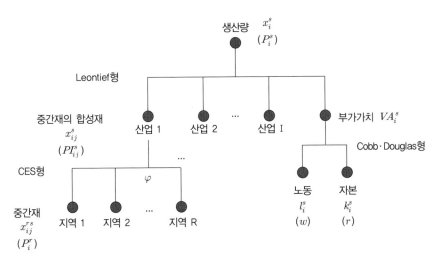

그림 4.3 산업의 생산구조

생산함수에 대한 제2단계는 다음과 같이 정식화한다. 먼저 부가가치는 부가가치 1단위 생산을 제약조건으로 할 때 비용최소화 행태는 다음과 같다.

$$\min_{l_j^s, \ k_j^s} w^s l_j^s + r^s k_j^s \qquad (4.9a)$$

$$s.t. \quad VA_j^s(l_j^s, \ k_j^s) = 1 \qquad (4.9b)$$

단, w^s : s지역의 임금률, r^s : s지역의 자본렌트이다.

특히 부가가치함수는 콥·더글라스(Cobb−Douglas)형으로 가정한다.

$$VA_j^s = \eta_j^s l_j^{s^{\alpha_j^s}} k_j^{s^{1-\alpha_j^s}} \qquad (4.10)$$

단, η_j^s : 효율성 파라미터, a_j^s : 분배 파라미터이다.

식 (4.9)를 풀면, 부가가치 1단위당 노동과 자본의 요소수요량을 구할 수 있다.

$$D_{lj}^s = \frac{\alpha_j^s}{w^s} \frac{1}{\eta_j^s} \left(\frac{w^s}{\alpha_j^s}\right)^{\alpha_j^s} \left(\frac{r^s}{1-\alpha_j^s}\right)^{1-\alpha_j^s} \qquad (4.11a)$$

$$D_{kj}^s = \frac{1-\alpha_j^s}{r^s} \frac{1}{\eta_j^s} \left(\frac{w^s}{\alpha_j^s}\right)^{\alpha_j^s} \left(\frac{r^s}{1-\alpha_j^s}\right)^{1-\alpha_j^s} \qquad (4.11b)$$

중간합성재의 투입결정도 비용최소화 행태로서 아래와 같이 가정한다.

$$\min_{x_{ij}^{rs}} \sum_{r \in R} (1+t^{rs}) p_i^r x_{ij}^{rs} \qquad (4.12a)$$

$$s.t. \quad x_{ij}^s = x_{ij}^s(x_{ij}^{1s}, x_{ij}^{2s}, \cdots, x_{ij}^{Rs}) \tag{4.12b}$$

단, x_{ij}^{rs} : s지역 산업 j에 투입된 r지역 산업 i로부터의 중간재 투입량이다. 중간합성재의 생산함수는 CES형이라 가정한다.

$$x_{ij}^{rs} = \phi_{ij}^s \left(\sum_{r \in R} \beta_{ij}^{rs} x_{ij}^{rs \frac{\varphi-1}{\varphi}} \right)^{\frac{\varphi}{\varphi-1}} \tag{4.13}$$

단, ϕ_{ij}^s : 중간재 합성효율 파라미터, β_{ij}^{rs} : 분배 파라미터, φ : 대체탄력성이다. 식 (4.12)를 풀면 다음과 같이 중간합성재 1단위당 중간재수요량 cx_{ij}^{rs}를 구할 수 있다.

$$cx_{ij}^{rs} = \frac{x_{ij}^{rs}}{x_{ij}^s} = \left[\frac{\beta_{ij}^{rs}}{(1+t^{rs})P_i^r} \right]^{\varphi} \phi_{ij}^{s(\varphi-1)} PI_{ij}^{s\varphi} \tag{4.14}$$

최적화 문제에 수반되는 라그랑주 승수에 의해 중간합성재 가격 PI_{ij}^s가 결정된다.

$$PI_{ij}^s = \frac{1}{\phi_{ij}^s} \left[\sum_{r \in R} \beta_{ij}^{rs\varphi} \left[(1+t^{rs})P_i^r \right]^{1-\varphi} \right]^{\frac{1}{1-\varphi}} \tag{4.15}$$

특히 산업의 생산함수가 규모에 대해 수확일정의 법칙이 성립하려면 산업의 초과이윤이 제로가 되어야 하며, 가격수용자인 산업이 직면하는 재화가격은 단위 생산량당 생산비용(평균비용)이 같아야 한다. 이와 같은 결과에 의해 다음 식이 성립한다. 단, 투입계수가 Iceberg형 교통비용을 포함하고 있지 않다는 점을 주의해야 한다.

$$
\begin{aligned}
p_j^s &= \frac{(w^s l_j^s + r^s k_j^s) + \sum_{i \in I} PI_{ij}^s x_{ij}^s}{X_j^i} \\
&= a_{0j}^s (w^s D_{lj}^s + r^s D_{kj}^s) + \sum_{i \in I} a_{ij}^s PI_{ij}^s \\
&= a_{0j}^s (w^s D_{lj}^s + r^s D_{kj}^s) + \sum_{i \in I} a_{ij}^s \frac{1}{\phi_{ij}^s} \left[\sum_{r \in R} \beta_{ij}^{rs\varphi} (1 + t^{rs}) P_i^{r^{1-\varphi}} \right]^{\frac{1}{1-\varphi}}
\end{aligned}
$$

(4.16)

식 (4.16)으로 표시된 방정식을 풀면 생산재가격 P_j^s를 구할 수 있다.

4.2.5 시장균형 조건

본 모형은 산업의 생산함수로서 규모에 대하여 수확일정의 형식을 가정하므로, 수요에 부합하는 생산을 한다. 통상 다음 식이 성립하여 생산량이 결정된다.

$$
X_i^r = \sum_{s \in S} \sum_{j \in J} (1 + t^{rs}) x_{ij}^{rs} + \sum_{s \in S} (1 + t^{rs}) f_i^{rs}
$$

(4.17)

따라서 이하의 생산요소시장은 균형조건만 의미가 있다.

$$\sum_{j \in J} X_j^s D_{lj}^s(w^s, r^s) = L^s \tag{4.18a}$$

$$\sum_{j \in J} X_j^s D_{kj}^s(w^s, r^s) = K^s \tag{4.18b}$$

이와 같이 규모에 대하여 수확일정의 법칙이 성립하는 모형이라면 최종적으로 식 (4.18)만 의미를 가지게 되므로, 이 방정식을 미지수인 생산요소가격 w^s, r^s $(s \in \{1, \cdots, S\})$에 대하여 풀면 일반균형에서 가격(균형가격)이 구해진다.

4.2.6 편익에 대한 정의

CGE 모형과 같이 정책평가의 척도가 되는 편익으로 등가편차 EV를 사용하면 다음과 같이 편익을 정의할 수 있다. 여기에서 편익은 지역별로 계측할 수 있다.

$$EV^s = (w_a^s L^s + r_a^s K^s + NX^s)\left(\frac{U_b^s - U_a^s}{U_a^s}\right) \tag{4.19}$$

단, a, b : 각각 정책 전후를 나타내는 첨자이다.

4.2.7 왈라스 법칙의 확인

CGE 모형과 같이 왈라스 법칙이 성립하는지 확인한다. 이 단계에서는 두 지역 $(s \in \{1, 2\})$, 두 종류 $(i \in \{1, 2\}, j \in \{1, 2\})$의 재화, 두 가지 생산요소 노동과 자본만 있는 경우를 예로 들었다. 먼저 모형 내에서 재화의 수급균형을 식 (4.20)과 같이 제시한다. 이것은 산업연관표에서 횡방향의 합계를 수량 베이스로 기술한 것으로, 생산물시장이 균형상태라면 반드시 성립해야 하는 조건이다. 여기에서도 Iceberg형 교통비용 상당분은 추가 생산량으로 고려하고 있다.

$$
\left.
\begin{aligned}
X_1^1 &= (1+t^{11})x_{11}^{11} + (1+t^{11})x_{12}^{11} + (1+t^{12})x_{11}^{12} \\
&\quad + (1+t^{12})x_{12}^{12} + (1+t^{11})f_1^{11} + (1+t^{12})f_1^{12} \\
X_2^1 &= (1+t^{11})x_{21}^{11} + (1+t^{11})x_{22}^{11} + (1+t^{12})x_{21}^{12} \\
&\quad + (1+t^{12})x_{22}^{12} + (1+t^{11})f_2^{11} + (1+t^{12})f_2^{12} \\
X_1^2 &= (1+t^{21})x_{11}^{21} + (1+t^{21})x_{12}^{21} + (1+t^{22})x_{11}^{22} \\
&\quad + (1+t^{22})x_{12}^{22} + (1+t^{21})f_1^{21} + (1+t^{22})f_1^{22} \\
X_2^2 &= (1+t^{21})x_{21}^{21} + (1+t^{21})x_{22}^{21} + (1+t^{22})x_{21}^{22} \\
&\quad + (1+t^{22})x_{22}^{22} + (1+t^{21})f_2^{21} + (1+t^{22})f_2^{22}
\end{aligned}
\right\}
\tag{4.20}
$$

다음은 생산에 따른 각 항목의 비용 합계가 산업의 수입과 일치하는 조건을 식 (4.21)과 같이 나타내었다.

$$\left.\begin{array}{l}
P_1^1 X_1^1 = (1+t^{11})P_1^1 x_{11}^{11} + (1+t^{11})P_2^1 x_{21}^{11} + (1+t^{21})P_1^2 x_{11}^{21} \\
\qquad + (1+t^{21})P_2^2 x_{21}^{21} + w^1 l_1^1 + r^1 k_1^1 \\
P_2^1 X_2^1 = (1+t^{11})P_1^1 x_{12}^{11} + (1+t^{11})P_2^1 x_{22}^{11} + (1+t^{21})P_1^2 x_{12}^{21} \\
\qquad + (1+t^{21})P_2^2 x_{22}^{21} + w^1 l_2^1 + r^1 k_2^1 \\
P_1^2 X_1^2 = (1+t^{12})P_1^1 x_{11}^{12} + (1+t^{12})P_2^1 x_{21}^{12} + (1+t^{22})P_1^2 x_{11}^{22} \\
\qquad + (1+t^{22})P_2^2 x_{21}^{22} + w^2 l_1^2 + r^2 k_1^2 \\
P_2^2 X_2^2 = (1+t^{12})P_1^1 x_{12}^{12} + (1+t^{12})P_2^1 x_{22}^{12} + (1+t^{22})P_1^2 x_{12}^{22} \\
\qquad + (1+t^{22})P_2^2 x_{22}^{22} + w^2 l_2^2 + r^2 k_2^2
\end{array}\right\} \quad (4.21)$$

앞의 식 (4.20)에 재화의 생산지 가격을 양변에 곱하여 식 (4.22)를 도출한다.

$$\left.\begin{array}{l}
P_1^1 X_1^1 = (1+t^{11})P_1^1 x_{11}^{11} + (1+t^{11})P_1^1 x_{12}^{11} + (1+t^{12})P_1^1 x_{11}^{12} \\
\qquad + (1+t^{12})P_1^1 x_{12}^{12} + (1+t^{11})P_1^1 f_1^{11} + (1+t^{12})P_1^1 f_1^{12} \\
P_2^1 X_2^1 = (1+t^{11})P_2^1 x_{21}^{11} + (1+t^{11})P_2^1 x_{22}^{11} + (1+t^{12})P_2^1 x_{21}^{12} \\
\qquad + (1+t^{12})P_2^1 x_{22}^{12} + (1+t^{11})P_2^1 f_2^{11} + (1+t^{12})P_2^1 f_1^{12} \\
P_1^2 X_1^2 = (1+t^{21})P_1^2 x_{11}^{21} + (1+t^{21})P_1^2 x_{12}^{21} + (1+t^{22})P_1^2 x_{11}^{22} \\
\qquad + (1+t^{22})P_1^2 x_{12}^{22} + (1+t^{21})P_1^2 f_1^{21} + (1+t^{22})P_1^2 f_1^{22} \\
P_2^2 X_2^2 = (1+t^{21})P_2^2 x_{21}^{21} + (1+t^{21})P_2^2 x_{22}^{21} + (1+t^{22})P_2^2 x_{21}^{22} \\
\qquad + (1+t^{22})P_2^2 x_{22}^{22} + (1+t^{21})P_2^2 f_2^{21} + (1+t^{22})P_2^2 f_1^{22}
\end{array}\right\} \quad (4.22)$$

마지막으로 세대의 소득제약 조건에 의해 식 (4.23)을 구한다.

$$\left.\begin{array}{l}
(1+t^{11})P_1^1 f_1^{11} + (1+t^{11})P_2^1 f_2^{11} + (1+t^{21})P_1^2 f_1^{21} \\
\qquad + (1+t^{21})P_2^2 f_2^{21} \\
= w^1 L^1 + r^1 K^1 + NX^1 \\
(1+t^{12})P_1^1 f_1^{12} + (1+t^{12})P_2^1 f_2^{12} + (1+t^{22})P_1^2 f_1^{22} \\
\qquad + (1+t^{22})P_2^2 f_2^{22} \\
= w^2 L^2 + r^2 K^2 + NX^2
\end{array}\right\} \quad (4.23)$$

식 (4.21)의 네 식을 합하여 식 (4.24)를 도출한다.

$$
\left.
\begin{aligned}
& P_1^1 X_1^1 + P_2^1 X_2^1 + P_1^2 X_1^2 + P_2^2 X_2^2 \\
& = (1+t^{11})P_1^1 x_{11}^{11} + (1+t^{11})P_2^1 x_{21}^{11} + (1+t^{21})P_1^2 x_{11}^{21} \\
& \quad + (1+t^{21})P_2^2 x_{21}^{21} + w^1 l_1^1 + r^1 k_1^1 \\
& \quad + (1+t^{11})P_1^1 x_{12}^{11} + (1+t^{11})P_2^1 x_{22}^{11} + (1+t^{21})P_1^2 x_{12}^{21} \\
& \quad + (1+t^{21})P_2^2 x_{22}^{21} + w^1 l_2^1 + r^1 k_2^1 \\
& \quad + (1+t^{12})P_1^1 x_{11}^{12} + (1+t^{12})P_2^1 x_{21}^{12} + (1+t^{22})P_1^2 x_{11}^{22} \\
& \quad + (1+t^{22})P_2^2 x_{21}^{21} + w^2 l_1^2 + r^2 k_1^2 \\
& \quad + (1+t^{12})P_1^1 x_{12}^{12} + (1+t^{12})P_2^1 x_{12}^{12} + (1+t^{22})P_1^2 x_{12}^{22} \\
& \quad + (1+t^{22})P_2^2 x_{22}^{22} + w^2 l_2^2 + r^2 k_2^2
\end{aligned}
\right\} \quad (4.24)
$$

또 식 (4.22)의 네 식을 합하여 식 (4.25)를 도출한다.

$$
\left.
\begin{aligned}
& P_1^1 X_1^1 + P_2^1 X_2^1 + P_1^2 X_1^2 + P_2^2 X_2^2 \\
& = (1+t^{11})P_1^1 x_{11}^{11} + (1+t^{11})P_1^1 x_{12}^{11} + (1+t^{12})P_1^1 x_{11}^{12} \\
& \quad + (1+t^{12})P_1^1 x_{12}^{12} + (1+t^{11})P_1^1 f_1^{11} + (1+t^{12})P_1^1 f_1^{12} \\
& \quad + (1+t^{11})P_2^1 x_{21}^{11} + (1+t^{11})P_2^1 x_{22}^{11} + (1+t^{12})P_2^1 x_{21}^{12} \\
& \quad + (1+t^{12})P_2^1 x_{22}^{12} + (1+t^{11})P_2^1 f_2^{11} + (1+t^{12})P_2^1 f_2^{12} \\
& \quad + (1+t^{21})P_1^2 x_{11}^{21} + (1+t^{21})P_1^2 x_{12}^{21} + (1+t^{22})P_1^2 x_{11}^{22} \\
& \quad + (1+t^{22})P_1^2 x_{12}^{22} + (1+t^{21})P_1^2 f_1^{21} + (1+t^{22})P_1^2 f_1^{22} \\
& \quad + (1+t^{21})P_2^2 x_{21}^{21} + (1+t^{21})P_2^2 x_{22}^{21} + (1+t^{22})P_2^2 x_{21}^{22} \\
& \quad + (1+t^{22})P_2^2 x_{22}^{22} + (1+t^{21})P_2^2 f_2^{21} + (1+t^{22})P_2^2 f_2^{22}
\end{aligned}
\right\} \quad (4.25)
$$

식 (4.23)의 두 식을 합하여 (단, $NX^1 + NX^2 = 0$) 식 (4.26)을 구한다.

$$(1+t^{11})P_1^1 f_{11}^1 + (1+t^{11})P_2^1 f_2^{11} + (1+t^{21})P_1^2 f_1^{21} + (1+t^{21})P_2^2 f_2^{21}$$
$$+ (1+t^{12})P_1^1 f_1^{12} + (1+t^{12})P_2^1 f_2^{12} + (1+t^{22})P_1^2 f_1^{22} + (1+t^{22})P_2^2 f_2^{22}$$
$$= w^1 L^1 + r^1 K^1 + w^2 L^2 + r^2 K^2$$

$$(4.26)$$

여기에서 '식 (4.23)의 좌변＝식 (4.24)의 좌변'에 의해 식 (4.27)을 도출할 수 있다.

$$w^1 l_1^1 + r^1 k_1^1 + w^1 l_2^1 + r^1 k_2^1 + w^2 l_1^2 + r^2 k_1^2 + w^2 l_2^2 + r^2 k_2^2$$
$$= (1+t^{11})P_1^1 f_1^{11} + (1+t^{12})P_1^1 f_1^{12} + (1+t^{11})P_2^1 f_2^{11} + (1+t^{12})P_2^1 f_2^{12}$$
$$+ (1+t^{21})P_1^2 f_1^{21} + (1+t^{22})P_1^2 f_1^{22} + (1+t^{21})P_2^2 f_2^{21} + (1+t^{22})P_2^2 f_2^{22}$$

$$(4.27)$$

'식 (4.27)의 좌변＝식 (4.26)의 우변'에 의해 식 (4.28)을 도출할 수 있다.

$$w^1 L^1 + r^1 K^1 + w^2 L^2 + r^2 K^2$$
$$= w^1 l_1^1 + r^1 k_1^1 + w^1 l_2^1 + r^1 k_2^1 + w^2 l_1^2 + r^2 k_1^2 + w^2 l_2^2 + r^2 k_2^2$$

$$(4.28)$$

식 (4.28)을 정리하면 다음과 같은 관계식이 도출된다.

$$w^1(l_1^1 + l_2^1 - L^1) + r^1(k_1^1 + k_2^1 - K^1) + w^2(l_1^2 + l_2^2 - L^2) + r^2(k_1^2 + k_2^2 - K^2) = 0$$

$$(4.29)$$

CGE 모형과 마찬가지로 지역 자체의 노동과 자본의 생산요소시장에서 초과수요에 가격을 곱한 다음 모두 합하면 제로가 된다. 그러므로 어느 한 지역의 요소시장에서 이들 가격의 합이 제로가 되지 않는다 하더라도, 다른 요소시장이 균형을 이루어 초과수요가 제로가 되면, 결국 해당시장도 균형을 이루어 초과수요는 제로가 된다.

4.2.8 파라미터의 칼리브레이션

CGE 모형과 같이 파라미터 칼리브레이션 기법은 다음과 같다. 여기에서도 생산지가격을 1로 설정한다.

(1) 효용함수의 파라미터

먼저 효용함수의 파라미터를 결정한다. 구해야 할 파라미터는 분배 파라미터 γ_j^s이다. γ_j^s는 s지역의 최종소비액(교통비 포함)에서 차지하는 재화종류별 j의 소비합성재소비액(교통비 포함)의 비율에 의해 구할 수 있다.

$$
\begin{aligned}
\gamma_j^s &= \frac{PF_{0j}^s f_{0j}^{s\frac{1}{\sigma_1}}}{\sum_{j\in J} PF_{0j}^s f_{0j}^{s\frac{1}{\sigma_1}}} \\[2ex]
&= \frac{\dfrac{1}{\psi_i^s}\left[\sum_{r\in R}\gamma_j^{rs\sigma_2}\left[(1+t_0^{rs})P_{0j}^r\right]^{1-\sigma_2}\right]^{\frac{1}{1-\sigma_2}} f_{0j}^{s\frac{1}{\sigma_1}}}{\sum_{j\in J}\left[\dfrac{1}{\psi_1^s}\left[\sum_{r\in R}\gamma_j^{rs\sigma_2}\left[(1+t_0^{rs})P_{0j}^r\right]^{1-\sigma_2}\right]^{\frac{1}{1-\sigma_2}} f_{0j}^{s\frac{1}{\sigma_1}}\right]}
\end{aligned}
\tag{4.30}
$$

(2) 소비합성재 수요함수의 파라미터

재화종류별 i의 소비합성재수요함수의 파라미터를 결정한다. 구해야 하는 파라미터는 소비점유율계수 γ_i^{rs}와 소비합성재 환산 파라미터 ψ_i^s이다. 재화소비점유율 계수 γ_i^{rs}는 소비합성재소비액(교통비 포함)에서 차지하는 각 지역으로부터 재화소비액(교통비 포함)의 비율이다.

$$\gamma_i^{rs} = \frac{(1+t_0^{rs})P_{0j}^r \left[f_{0i}^{rs}\right]^{\frac{1}{\sigma_2}}}{\sum_{r \in R}(1+t_0^{rs})P_{0j}^r \left[f_{0i}^{rs}\right]^{\frac{1}{\sigma_2}}} \qquad (4.31)$$

소비합성재 환산 파라미터 ψ_i^s는 부가가치의 효율 파라미터 η_i^s, 중간합성재투입의 효율 파라미터 ϕ_{ij}^s의 도출과 같이 일반균형상태에서 산업의 제로이윤 조건에 의해, 재화종류별 i의 소비합성재 소비량은 각 지역의 재화소비의 총합과 같다는 관계를 이용한다.

$$\psi_i^s = \frac{f_i^s}{\left(\sum_{r \in R}\gamma_i^{rs}f_i^{rs\frac{\sigma_2-1}{\sigma_2}}\right)^{\frac{\sigma_2}{\sigma_2-1}}} \qquad (4.32)$$

(3) 생산함수의 파라미터

생산함수에 포함되는 파라미터를 결정한다. 구하는 파라미터는 부가가치 비율 a_{0j}^s 및 투입계수(교통비상당분 제외) a_{ij}^s, 투입계수(교통비상당분 포함) a_{ij}^{ts} 이다. 부가가치비율은 생산액에서 차지하는 부가가치액의 비율로 구할 수 있다. 또 투입계수(교통비상당분 포함)는 생산액에서 차지하는 합성중간투입재 가치와 교통비용의 비율로 계산할 수 있으며, 투입계수(교통비상당분 제외) a_{ij}^s는 생산액에서 차지하는 합성중간투입재 가치의 비율로 구할 수 있다.

$$a_{0j}^s = \frac{w_0^s l_{0j}^s + r_0^s k_{0j}^s}{P_{0j}^s X_{0j}^s} \tag{4.33a}$$

$$a_{ij}^{ts} = \frac{\sum_{r \in R} P_{0i}^r (1 + t^{rs}) x_{0ij}^{rs}}{P_{0j}^s X_{0j}^s} \tag{4.33b}$$

$$a_{ij}^s = \frac{\sum_{r \in R} P_{0i}^r x_{0ij}^{rs}}{P_{0j}^s X_{0j}^s} \tag{4.33c}$$

(4) 부가가치함수의 파라미터

부가가치함수에 포함되는 파라미터를 결정한다. 구해야 하는 파라미터는 분배 파라미터 a_j^s와 효율 파라미터 η_j^s이다. 분배 파라미터는 부가가치액에서 차지하는 노동 및 자본의 생산요소투입 비율로 구한다.

$$\alpha_j^s = \frac{w_0^s \, l_{0j}^s}{w_0^s \, l_{0j}^s + w_0^s \, k_{0j}^s} \tag{4.34}$$

일반균형상태는 산업이윤이 제로가 되는 제로이윤 조건이 성립한다. 그러므로 효용 파라미터를 도출할 때 일반균형상태에서 부가가치액이 생산요소비용과 같다는 관계를 이용한다.

$$\eta_j^s \cdot l_{0j}^{s\,\alpha_j^s} k_{0j}^{s\,1-\alpha_j^s} = w_{0j}^s l_{0j}^s + r_{0j}^s k_{0j}^s \tag{4.35a}$$

$$\eta_j^s = \frac{l_{0j}^s + k_{0j}^s}{l_{0j}^{s\,\alpha_j^s} k_{0j}^{s\,1-\alpha_j^s}} \tag{4.35b}$$

(5) 중간합성재 투입의 생산함수에 대한 파라미터

중간합성재 투입의 생산함수에 포함되는 파라미터를 결정한다. 구하는 파라미터는 분배 파라미터 β_{ij}^{rs}와 효율 파라미터 ϕ_{ij}^s이다. 분배 파라미터 β_{ij}^{rs}는 중간합성재 구입비용(교통비상당분 포함)에서 차지하는 중간재 구입비용(교통비상당분 포함)의 비율이다.

$$\beta_{ij}^{rs} = \frac{(1+t_0^{rs})P_{0j}^r \left[x_{0ij}^{rs} \right]^{\frac{1}{\varphi}}}{\displaystyle\sum_{r \in R} (1+t_0^{rs})P_{0j}^r \left[x_{0ij}^{rs} \right]^{\frac{1}{\varphi}}} \tag{4.36}$$

효율 파라미터 ϕ_{ij}^s는 부가가치의 효율 파라미터 η_j^s의 도출과 같이, 산업의 제로이윤 조건에 의해, 균형상태에서 중간합성재투입은 각 지역의 중간투입재의 합과 같다는 관계를 이용한다.

$$\phi_{ij}^s = \frac{x_{0ij}^s}{\left(\displaystyle\sum_{r \in R} \beta_{ij}^{rs} x_{0ij}^{rs} {}^{\frac{\varphi-1}{\varphi}} \right)^{\frac{\varphi}{\varphi-1}}} \tag{4.37}$$

4.2.9 대체탄력성 파라미터 설정

본 모형에서 활용하는 대체탄력성은 산업의 중간합성재 투입에 관한 대체탄력성 φ, 가계의 소비합성재 소비에 관한 대체탄력성 σ_1, 가계의 소비재 소비에 대한 대체탄력성 σ_2 등 세 가지이다. 통상 대체탄력성은 수요의 가격에 대한 탄력성에서 도출하는 것이 가장 바람직하다. 그러나 이 탄력성의 값은 쉽게 구할 수 없기 때문에 기존 연구 성과를 이용하는 것이 현실적인 대응방법이다. 그런데 기존 연구 성과와 구축된 모형에서 설정한 재화의 종류가 일치하기란 쉽지 않은 일이며, 또 재화의 종류가 같다하더라도 연구 성과에 따라 값이 크게 차가 나는 경우도 적지 않다. 그러므로 실제 정책분석에 적용할 경우에는 감도분석을 하여 탄력성의 값 변화에 따른 결과 변동을 충분히 검토하지 않으면 안 된다.

4.2.10 계산 순서

CGE와 같이 모형을 비선형 연립방정식체계로 간주하여 내생변수를 축차적으로 수정하며 해를 구할 경우 알고리즘은 다음과 같다. 다만 CGE 모형과 달리, 생산요소에 기준재화(numeral goods)를 설정하지 않는다는 점에 주의해야 한다.

1) 외생변수, 파라미터를 입력한다.

2) 임금률 w^s와 자본렌트 r^s에 초깃값으로 1을 부여한다.

3) 2)에 의해 부가가치 1단위당 노동과 자본의 요소수요량 D_{lj}^s, D_{kj}^s가 결정된다.

$$D_{lj}^s = \frac{\alpha_j^s}{w^s} \frac{1}{\eta_j^s} \left(\frac{w^s}{\alpha_j^s}\right)^{\alpha_j^s} \left(\frac{r^s}{1-\alpha_j^s}\right)^{1-\alpha_j^s}$$

$$D_{kj}^s = \frac{1-\alpha_j^s}{r^s} \frac{1}{\eta_j^s} \left(\frac{w^s}{\alpha_j^s}\right)^{\alpha_j^s} \left(\frac{r^s}{1-\alpha_j^s}\right)^{1-\alpha_j^s}$$

4) 재화의 생산지가격 P_i^s에 초깃값 P_{0i}^s를 부여한다.

5) 4)의 생산지가격 P_{0i}^s에서 재화의 생산지가격 P_j^s가 결정된다.

$$P_j^s = a_{0j}^s (w^s D_{lj}^s + r^s D_{kj}^s) + \sum_{i \in I} a_{ij}^s \frac{1}{\phi_{ij}^s} \left[\sum_{r \in R} \beta_{ij}^{rs^\varphi} [(1+t^{rs})P_i^r]^{1-\varphi}\right]^{\frac{1}{1-\varphi}}$$

6) 5)의 생산지가격 $P_j^{s'}$과 4)의 초깃값 P_{0i}^s의 차의 절댓값이 수렴조건을 만족하면 계산은 종료되어 7)로 진행된다. 만약 그렇지 않다면 초깃값을 $P_j^{s'}$로 하여 5)로 되돌아간다. 즉, 축차법[馱田井 1989]을 실행하는 것이다.

7) 4)~7)에 의해 재화가격 P_i^r가 결정되어 중간합성재의 가격 PI_{ij}^s, 소비합성재 가격 PF_i^s, 소비합성재 1단위당 중간투입량 cx_{ij}^{rs}, 소비합성재 1단위당 재화소비량 cf_i^{rs}가 결정된다.

$$PI_{ij}^s = \frac{1}{\phi_{ij}^s}\left[\sum_{r \in R}\beta_{ij}^{rs\varphi}[(1+t^{rs})P_i^r]^{1-\varphi}\right]^{\frac{1}{1-\varphi}}$$

$$PF_i^s = \frac{1}{\psi_i^s}\left[\sum_{r \in R}\gamma_i^{rs\sigma_2}[(1+t^{rs})P_i^r]^{1-\sigma_2}\right]^{\frac{1}{1-\sigma_2}}$$

$$cx_{ij}^{rs} = \frac{x_{ij}^{rs}}{x_{ij}^s} = \left[\frac{\beta_{ij}^{rs}}{(1+t^{rs})P_i^r}\right]^{\varphi}\phi_{ij}^{s^{(\varphi-1)}}PI_{ij}^{s^{\varphi}}$$

$$cf_i^{rs} = \frac{f_i^{rs}}{f_i^s} = \left[\frac{\gamma_i^{rs}}{(1+t^{rs})P_i^r}\right]^{\sigma_2}\psi_i^{s^{(\sigma_2-1)}}PF_i^{s^{\sigma_2}}$$

8) 소비합성재소비량 f_i^s가 결정된다.

$$f_i^s = \left[\frac{\gamma_i^s}{PF_i^s}\right]^{\sigma_1}\frac{w^s L^s + r^s K^s - NX^s}{\sum_{i \in I}\gamma_i^{s^{\sigma_1}}PF_i^{s^{1-\sigma_1}}}$$

9) 소비재의 수요량 f_i^{rs}가 결정된다.

$$f_i^s = cf_i^{rs} \cdot f_i^s$$

10) 생산량 X_j^s에 초깃값 X_{0j}^s를 부여한다.

11) 생산량의 초깃값 X_{0j}^s에 대한 중간투입량의 수요량 x_{ij}^{rs}을 결정한다. 여기에서 투입계수를 교통비용 변화에서 환급해주어야 하므로 식은 다음과 같이 된다. 단 $P_j^{s^0}$는 초기시점의 재화가격이며 통상 1로 계산한다.

$$x_{ij}^{rs} = cx_{ij}^{rs} \cdot a_{ij}^{ts} \cdot \left(\frac{P_j^{s^0}}{PI_{ij}^s} \right) \cdot X_j^s$$

12) 9), 11)에 의해 생산량 X_i^r이 결정된다.

$$X_i^r = \sum_{s \in S}\sum_{j \in J} (1+t^{rs})x_{ij}^{rs} + (1+t^{rs})\sum_{s \in S} f_i^{rs}$$

13) 여기에서도 축차법에 의해 12)의 생산량 X_i^r와 10)의 초깃값 X_{0j}^s의 차의 절댓값이 수렴조건을 충족하면 계산은 종료되어 14)로 나아간다. 만약 그렇지 못하다면 초깃값을 X_i^r로 하여 11)로 되돌아간다.

14) 13)에 의해 노동과 자본의 수요량 l_j^s, k_j^s이 결정된다.

$$l_j^s = l_j^s(w^s, r^s) = a_{0j}^s X_j^s D_{lj}^s(w^s, r^s)$$

$$k_j^s = k_j^s(w^s, r^s) = a_{0j}^s X_j^s D_{kj}^s(w^s, r^s)$$

15) 14)에 의해 노동과 자본의 초과수요량 EDL^s, EDK^s이 결정된다.

$$EDL^s = \sum_{j \in J} l_j^s - L^s, \quad EDK^s = \sum_{j \in J} k_j^s - K^s$$

16) 생산요소의 초과수요량이 수렴조건을 충족하면 계산은 종료된다. 수렴조건은
    15)에서 제시한 EDL^s 및 EDK^s의 절댓값이 충분히 작은 값(예를 들면
    0.1 등)보다 작은가 혹은 그렇지 않은가에 의해 판정한다. 수렴조건이 충족
    되지 않으면 $w^{s'} = w^s + \gamma_L^s \cdot (EDL^s/L)$, $r^{s'} = r^s + \gamma_K^s \cdot (EDK^s/K)$
    축차갱신 규칙에 의해 구해진 $w^{s'}$ 및 $r^{s'}$이 새로운 생산요소가격 w^s, r^s
    을 부여한 다음 2)로 돌아간다. 본 장의 분석모형은 γ_L^s 및 γ_K^s를 0.1로
    설정하였더니 대략 안정적으로 균형해에 수렴하였다. 가격갱신 규칙은
    수치 시뮬레이션에서 이용하는 뉴턴법 등을 활용할 수 있다.

이상의 계산 흐름도를 정리하면 그림 4.4와 같다.

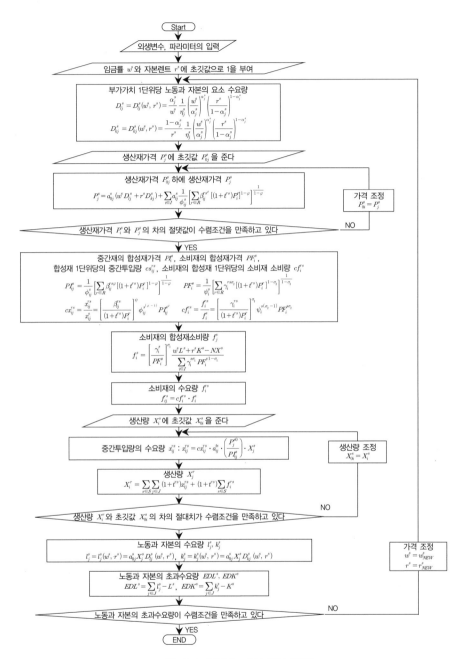

그림 4.4 SCGE 계산 알고리즘

4.3 엑셀에 의한 SCGE 모형의 계산방법

4.3.1 엑셀 파일에 대하여

여기에서 작성된 엑셀 파일의 시트구성은 표 4.2와 같다.

표 4.2 엑셀 파일의 시트구성

시트명	내용
(S) Oridata	기준 dataset 산업연관표
(S) Para	모형 구축 관련 parameter, 외생변수
(S) Model	SCGE 모형의 균형계산

4.3.2 기준균형 데이터셋

먼저 SCGE 모형의 파라미터 추정에 필요한 산업연관표를 준비한다. 이하에서는 2장에서 작성한 지역 간 산업연관표(긴키(近畿), 기타 지역)를 이용한다. 이 장에서는 대상 지역(일본 전역) 외부로부터 수출입이 없는 경제를 상정하므로, 수출입을 각 지역의 최종수요에 포함시켜 생각한다. 또한 지역 내 최종수요의 내역에 대해서도 가계소비, 정부소비, 투자를 구별하지 않으므로 이 또한 한 개의 지역 최종수요항목으로 다룬다. 지역 간 산업연관표에서 부가가치는 순간접세를 각 산업의 노동과 자본의 비율에 따라 배분한다. 이렇게 작성한 지역 간 산업연관표가 표 4.3이다.

여기에서 각 지역의 부가가치와 각 지역의 최종수요가 서로 다르다. 결국 데이터의 초기시점에는 지역 간 소득이전이 이루어진다고 상정한 것이다. 이 데이터의 경우 긴키(近畿) 지방에서 여타 지방으로 5,190억 엔의 소득이전이 있었다. 이하의 분석에서는 이 값을 교통정비의 유무에 따라 고정시켰으며, 기준재 역할을 부여하였다.

표 4.3 지역 간 산업연관표((S) Oridata)

(단위 : 백억 엔)

			중간투입						최종수요		생산액
			긴키(近畿)			기타			긴키	기타	
			1차	2차	3차	1차	2차	3차			
중간 투입	긴키	1차	6.101	52.832	11.928	1.005	9.739	1.986	9.856	1.076	94.523
		2차	9.223	1,456.072	650.667	15.579	1,142.666	394.057	1,972.143	860.408	6,500.815
		3차	11.601	1,219.658	2,127.474	10.773	411.124	441.877	4,960.391	453.072	9,635.930
	기타	1차	3.229	45.532	11.481	145.558	753.185	114.860	22.564	246.036	1,342.446
		2차	6.481	1,052.197	313.709	224.796	11,861.757	4,236.559	848.930	13,639.797	32,184.226
		3차	3.069	308.853	411.857	201.836	6,693.029	11,495.265	766.324	26,250.474	46,130.707
부가 가치	노동		8.892	1,405.065	3,229.543	118.647	6,610.351	16,186.417			
	자본		45.928	960.606	2,879.270	624.291	4,702.375	13,259.687			
생산액			94.523	6,500.815	9,635.930	1,342.446	32,184.226	46,130.707			

4.3.3 파라미터 칼리브레이션

(1) 효용함수의 파라미터

식 (4.30)에 제시된 가계효용함수의 파라미터인 합성소비점유율 계수 γ_i^s를 추정한다(표 4.4).

표 4.4 합성소비점유율계수 γ_j^s((S) Para)

	긴키(近畿) $s=1$	기타 $s=2$
1차 $i=1$	0.042	0.052
2차 $i=2$	0.395	0.402
3차 $i=3$	0.563	0.546

(2) 소비합성재 수요함수의 파라미터

식 (4.31) 및 (4.32)에서 제시한 소비재점유율계수 γ_i^{rs} 및 효율 파라미터 ψ_i^s 를 추정한다(표 4.5, 4.6).

표 4.5 소비점유율계수 γ_i^{rs}((S) Para)

		긴키(近畿) $s=1$	기타 $s=2$
긴키 $r=1$	1차 $i=1$	0.398	0.062
	2차 $i=2$	0.604	0.201
	3차 $i=3$	0.718	0.116
기타 $r=2$	1차 $i=1$	0.602	0.938
	2차 $i=2$	0.396	0.799
	3차 $i=3$	0.282	0.884

표 4.6 소비합성재 환산 파라미터 ψ_i^s((S) Para)

	긴키(近畿) $s=1$	기타 $s=2$
1차 $i=1$	1.920	1.132
2차 $i=2$	1.917	1.473
3차 $i=3$	1.681	1.258

(3) 생산함수 파라미터

식 (4.33a~c)에 제시된 부가가치비율 a_{0j}^s 및 투입계수(교통비상당분 포함) a_{ij}^{ts}, 투입계수(교통비상당분 제외) a_{ij}^s를 표 4.3의 산업연관표로부터 직접 추정한다(표 4.7~4.9).

표 4.7 부가가치비율 a_{0j}^{s}((S) Para)

긴키(近畿) $s=1$			기타 $s=2$		
1차 $j=1$	2차 $j=2$	3차 $j=3$	1차 $j=1$	2차 $j=2$	3차 $j=3$
0.580	0.364	0.634	0.553	0.351	0.638

표 4.8 투입계수(교통비상당분 포함) a_{ij}^{ts}((S) Para)

	긴키(近畿) $s=1$			기타 $s=2$		
	1차 $j=1$	2차 $j=2$	3차 $j=3$	1차 $j=1$	2차 $j=2$	3차 $j=3$
1차 $i=1$	0.099	0.015	0.002	0.109	0.024	0.003
2차 $i=2$	0.166	0.386	0.100	0.179	0.404	0.100
3차 $i=3$	0.155	0.235	0.264	0.158	0.221	0.259

표 4.9 투입계수(교통비상당분 제외) a_{ij}^{s}((S) Para)

	긴키(近畿) $s=1$			기타 $s=2$		
	1차 $j=1$	2차 $j=2$	3차 $j=3$	1차 $j=1$	2차 $j=2$	3차 $j=3$
1차 $i=1$	0.090	0.014	0.002	0.009	0.022	0.002
2차 $i=2$	0.151	0.351	0.091	0.163	0.367	0.091
3차 $i=3$	0.141	0.214	0.240	0.144	0.201	0.235

(4) 부가가치의 파라미터

식 (4.34) 및 (4.35b)에 제시된 산업의 부가가치함수에 대한 파라미터인 분배 파라미터 α_{j}^{s} 및 효율 파라미터 η_{j}^{s}는 산업연관표로부터 직접 추정한다(표 4.10, 4.11).

표 4.10 분배 파라미터 α_j^s ((S) Para)

	긴키(近畿) $s=1$			기타 $s=2$		
	1차 $j=1$	2차 $j=2$	3차 $j=3$	1차 $j=1$	2차 $j=2$	3차 $j=3$
노동	0.162	0.594	0.529	0.160	0.584	0.550
자본	0.838	0.406	0.471	0.840	0.416	0.450

표 4.11 효율 파라미터 η_j^s ((S) Para)

긴키(近畿) $s=1$			기타 $s=2$		
1차 $j=1$	2차 $j=2$	3차 $j=3$	1차 $j=1$	2차 $j=2$	3차 $j=3$
1.558	1.965	1.997	1.551	1.972	1.990

4.3.4 기준균형의 재현성 확인

이상의 기준 데이터셋, 파라미터에 의해 SCGE 모형의 균형계산을 할 수 있다. 다음은 4.2.10항의 계산 순서에 따른 균형계산방법으로 기준균형의 재현성을 확인한다.

1) 외생변수 L^s, K^s, 운송마진율 t^{rs}, 파라미터 a_{0j}^s, a_{ij}^{ts}, a_i^s, η_j^s, ϕ_{ij}^s, β_{ij}^{rs}, φ, ψ_i^s, γ_i^{rs}, σ_2, γ_i^s, σ_1을 입력한다(표 4.12).

표 4.12 외생변수 L^s, K^s ((S) Para)

	긴키(近畿) $s=1$			기타 $s=2$		
	1차 $j=1$	2차 $j=2$	3차 $j=3$	1차 $j=1$	2차 $j=2$	3차 $j=3$
노동	8.892	1,405.065	3,229.543	118.647	6,610.351	16,186.417
자본	45.928	960.606	2,879.270	624.291	4,702.375	13,259.687

기준균형시점의 수송마진율 t^{rs}는 모두 10%라고 가정한다(표 4.13~4.25).

표 4.13 수송마진율 t^{rs} ((S) Para)

	$s=1$	$s=2$
$r=1$	10.00%	10.00%
$r=2$	10.00%	10.00%

표 4.14 파라미터 a_{0j}^s ((S) Model)

긴키(近畿) $s=1$			기타 $s=2$		
1차 $j=1$	2차 $j=2$	3차 $j=3$	1차 $j=1$	2차 $j=2$	3차 $j=3$
0.580	0.364	0.634	0.553	0.351	0.638

표 4.15 파라미터 $a_{ij}^{t^s}$ ((S) Model)

	긴키(近畿) $s=1$			기타 $s=2$		
	1차 $j=1$	2차 $j=2$	3차 $j=3$	1차 $j=1$	2차 $j=2$	3차 $j=3$
1차 $i=1$	0.099	0.015	0.002	0.109	0.024	0.003
2차 $i=2$	0.166	0.386	0.100	0.179	0.404	0.100
3차 $i=3$	0.155	0.235	0.264	0.158	0.221	0.259

표 4.16 파라미터 α_j^s ((S) Model)

	긴키(近畿) $s=1$			기타 $s=2$		
	1차 $j=1$	2차 $j=2$	3차 $j=3$	1차 $j=1$	2차 $j=2$	3차 $j=3$
노동 α_j^s	0.162	0.594	0.529	0.160	0.584	0.550
자본 $1-\alpha_j^s$	0.838	0.406	0.471	0.840	0.416	0.450

표 4.17 파라미터 η_j^s ((S) Model)

긴키(近畿) $s=1$			기타 $s=2$		
1차 $j=1$	2차 $j=2$	3차 $j=3$	1차 $j=1$	2차 $j=2$	3차 $j=3$
1.558	1.965	1.997	1.551	1.972	1.990

표 4.18 파라미터 ϕ_{ij}^s ((S) Model)

	긴키(近畿) $s=1$			기타 $s=2$		
	1차 $j=1$	2차 $j=2$	3차 $j=3$	1차 $j=1$	2차 $j=2$	3차 $j=3$
1차 $i=1$	1.951	1.997	2.000	1.165	1.225	1.258
2차 $i=2$	1.985	1.987	1.937	1.492	1.566	1.558
3차 $i=3$	1.814	1.803	1.737	1.438	1.467	1.378

표 4.19 파라미터 β_{ij}^{rs} ((S) Model)

		긴키(近畿) $s=1$			기타 $s=2$		
		1차 $j=1$	2차 $j=2$	3차 $j=3$	1차 $j=1$	2차 $j=2$	3차 $j=3$
긴키 $r=1$	1차 $i=1$	0.579	0.519	0.505	0.077	0.102	0.116
	2차 $i=2$	0.544	0.541	0.590	0.208	0.237	0.234
	3차 $i=3$	0.660	0.665	0.694	0.187	0.199	0.164
기타 $r=2$	1차 $i=1$	0.421	0.481	0.495	0.923	0.898	0.884
	2차 $i=2$	0.456	0.459	0.410	0.792	0.763	0.766
	3차 $i=3$	0.340	0.335	0.306	0.813	0.801	0.836

표 4.20 파라미터 ψ_i^s ((S) Model)

	긴키(近畿) $s=1$	기타 $s=2$
1차 $i=1$	1.920	1.132
2차 $i=2$	1.917	1.473
3차 $i=3$	1.681	1.258

표 4.21 파라미터 γ_i^{rs} ((S) Model)

		긴키(近畿) $s=1$	기타 $s=2$
긴키 $r=1$	1차 $i=1$	0.398	0.062
	2차 $i=2$	0.604	0.201
	3차 $i=3$	0.718	0.116
기타 $r=2$	1차 $i=1$	0.602	0.938
	2차 $i=2$	0.396	0.799
	3차 $i=3$	0.282	0.884

표 4.22 파라미터 γ_i^s ((S) Model)

	긴키(近畿) $s=1$	기타 $s=2$
1차 $i=1$	0.042	0.052
2차 $i=2$	0.395	0.402
3차 $i=3$	0.563	0.546

표 4.23 파라미터 φ((S) Model)

중간재의 합성재에 관한 대체탄력성 φ	2.000

표 4.24 파라미터 σ_1 ((S) Model)

소비재의 합성재에 관한 대체탄력성 σ_1	2.000

표 4.25 파라미터 σ_2 ((S) Model)

소비재에 관한 대체탄력성 σ_2	2.000

2) 각 지역의 임금률 w^s, 자본렌트 r^s에 초깃값 1을 부여한다(표 4.26).

표 4.26 임금률 w^s, 자본렌트 r^s ((S) Model)

	긴키(近畿) $s=1$	기타 $s=2$
임금률 w	1.00	1.00
자본렌트 r	1.00	1.00

3) 2)에 의해 부가가치 1단위당 노동과 자본의 요소수요함수 D_{ij}^s, D_{kj}^s 가 결정된다(표 4.27).

표 4.27 부가가치 1단위당 노동과 자본의 요소수요함수 D_{ij}^s, D_{kj}^s ((S) Model)

	긴키(近畿) $s=1$			기타 $s=2$		
	1차 $j=1$	2차 $j=2$	3차 $j=3$	1차 $j=1$	2차 $j=2$	3차 $j=3$
D_{ij}^s	0.162	0.594	0.529	0.160	0.584	0.550
D_{kj}^s	0.838	0.406	0.471	0.840	0.416	0.450

4) 생산재가격 P_i^s에 초깃값 P_{0i}^s을 부여한다(표 4.28).

표 4.28 생산재가격 P_{0i}^s ((S) Model)

	긴키(近畿) $s=1$			기타 $s=2$		
	1차 $j=1$	2차 $j=2$	3차 $j=3$	1차 $j=1$	2차 $j=2$	3차 $j=3$
초깃값 P_{0i}^s	1.00	1.00	1.00	1.00	1.00	1.00

5) 4)의 생산재 초깃값 P_i^s 하에서 생산재가격 P_j^s가 결정된다(표 4.29).

표 4.29 재화가격 P_j^s ((S) Model)

	긴키(近畿) $s=1$			기타 $s=2$		
	1차 $j=1$	2차 $j=2$	3차 $j=3$	1차 $j=1$	2차 $j=2$	3차 $j=3$
P_j^s	1.00	1.00	1.00	1.00	1.00	1.00

6) 4)와 5)의 생산재가격 P_j^s와 P_j^s의 차의 절댓값이 수렴조건(여기에서는

$\sum\limits_{s}\sum\limits_{j} |P_j^s - P_{0j}^s| < 0.0000001$)을 만족하면 계산을 마치고 8)로 진행

한다. 만약 그렇지 않다면 축차법에 의해 재화가격 P_j^s을 $P_{0j}^s = P_i^s$로

바꾸고 5)로 되돌아간다(표 4.30).

표 4.30 재화가격 P_j^s 차의 절댓값((S) Model)

	긴키(近畿) $s=1$			기타 $s=2$			
	1차 $j=1$	2차 $j=2$	3차 $j=3$	1차 $j=1$	2차 $j=2$	3차 $j=3$	오차의 합
$\lvert P-P_0 \rvert$	0.000	0.000	0.000	0.000	0.000	0.000	0.000

7) 4)~7)에 의해 재화가격 P_i^r이 결정되어 중간합성재의 가격 PI_i^s, 합성

재가격 PF_i^s, 중간합성재 1단위당 중간투입량 cx_{is}^{rs}, 소비합성재 1단위

당 재화소비량 cf_i^{rs}가 결정된다(표 4.31~4.34).

표 4.31 중간합성재가격 PI_i^s((S) Model)

	긴키(近畿) $s=1$			기타 $s=2$		
	1차 $j=1$	2차 $j=2$	3차 $j=3$	1차 $j=1$	2차 $j=2$	3차 $j=3$
1차 $i=1$	1.100 0	1.100 0	1.100 0	1.100 0	1.100 0	1.100 0
2차 $i=2$	1.100 0	1.100 0	1.100 0	1.100 0	1.100 0	1.100 0
3차 $i=3$	1.100 0	1.100 0	1.100 0	1.100 0	1.100 0	1.100 0

표 4.32 합성재가격 PF_j^s((S) Model)

	긴키(近畿) $s=1$			기타 $s=2$		
	1차 $j=1$	2차 $j=2$	3차 $j=3$	1차 $j=1$	2차 $j=2$	3차 $j=3$
PF_j^s	1.100 0	1.100 0	1.100 0	1.100 0	1.100 0	1.100 0

표 4.33 중간합성재 1단위당 중간투입량 cx_{ij}^{rs} ((S) Model)

		긴키(近畿) $s=1$			기타 $s=2$		
		1차 $j=1$	2차 $j=2$	3차 $j=3$	1차 $j=1$	2차 $j=2$	3차 $j=3$
긴키 $r=1$	1차 $i=1$	0.654	0.537	0.510	0.007	0.013	0.017
	2차 $i=2$	0.587	0.581	0.675	0.065	0.088	0.085
	3차 $i=3$	0.791	0.798	0.838	0.050	0.058	0.037
기타 $r=2$	1차 $i=1$	0.346	0.463	0.490	0.993	0.987	0.983
	2차 $i=2$	0.413	0.419	0.325	0.935	0.912	0.915
	3차 $i=3$	0.209	0.202	0.162	0.950	0.942	0.963

표 4.34 소비합성재 1단위당 재화소비량 cf_i^{rs} ((S) Model)

		긴키(近畿) $s=1$	기타 $s=2$
긴키 $r=1$	1차 $i=1$	0.304	0.004
	2차 $i=2$	0.699	0.059
	3차 $i=3$	0.866	0.017
기타 $r=2$	1차 $i=1$	0.696	0.996
	2차 $i=2$	0.301	0.941
	3차 $i=3$	0.134	0.983

8) 소비합성재소비량 f_j^s이 결정된다(표 4.35).

표 4.35 소비합성재소비량 f_j^s ((S) Model)

	긴키(近畿) $s=1$	기타 $s=2$
1차 $i=1$	29.473	224.648
2차 $i=2$	2,564.611	13,182.004
3차 $i=3$	5,206.104	24,275.951

9) 재화수요량 f_j^{rs} 가 결정된다(표 4.36).

표 4.36 소비재의 수요량 f_j^{rs} ((S) Model)

		긴키(近畿) $s=1$	기타 $s=2$
긴키 $r=1$	1차 $i=1$	8.960	0.979
	2차 $i=2$	1,792.857	782.189
	3차 $i=3$	4,509.446	411.884
기타 $r=2$	1차 $i=1$	20.513	223.669
	2차 $i=2$	771.755	12,399.815
	3차 $i=3$	696.658	23,864.067

10) 생산량 X_j^s 에 초깃값 X_{0j}^s 을 부여한다(표 4.37).

표 4.37 초깃값 X_{0j}^s ((S) Model)

	긴키(近畿) $s=1$			기타 $s=2$		
	1차 $j=1$	2차 $j=2$	3차 $j=3$	1차 $j=1$	2차 $j=2$	3차 $j=3$
X_0	94.523	6,500.815	9,635.930	1,342.446	32,184.226	46,130.707

11) 초깃값에 대하여 중간투입량의 수요량 x_{ij}^{rs} 이 결정된다(표 4.38).

표 4.38 초깃값에 대한 중간투입량의 수요량 x_{ij}^{rs} ((S) Model)

		긴키(近畿) $s=1$			기타 $s=2$		
		1차 $j=1$	2차 $j=2$	3차 $j=3$	1차 $j=1$	2차 $j=2$	3차 $j=3$
긴키 $r=1$	1차 $i=1$	5.546	48.029	10.844	0.914	8.853	1.805
	2차 $i=2$	8.385	1,323.702	591.516	14.163	1,038.787	358.234
	3차 $i=3$	10.546	1,108.780	1,934.067	9.757	373.749	401.706
기타 $r=2$	1차 $i=1$	2.935	41.393	10.437	132.326	684.714	104.419
	2차 $i=2$	5.892	956.543	285.190	204.360	10,783.415	3,851.417
	3차 $i=3$	2.790	280.775	374.416	183.488	6,084.572	10,450.241

12) 9), 11)에 의해 생산량 X_i^T이 결정된다(표 4.39).

표 4.39 생산량 X_i^T ((S) Model)

	긴키(近畿) $s=1$			기타 $s=2$		
	1차 $j=1$	2차 $j=2$	3차 $j=3$	1차 $j=1$	2차 $j=2$	3차 $j=3$
X_0	94.523	6,500.815	9,635.930	1,342.446	32,184.226	46,130.707

13) 12)의 생산량 X_i^T과 10)의 초깃값 X_{0j}^s의 차의 절댓값이 수렴조건(여기서는 $\sum_s \sum_j |X_j^s - X_{0j}^s| < 0.000\,0001$)을 충족하면 계산을 마치고 14)로 진행한다. 만약 그렇지 않으면 축차법에 의해 생산량 X_i^T를 바꾸고, $X_{0i}^s = X_i^s$로 하여 11)로 되돌아간다(표 4.40).

표 4.40 생산량 X_i^T과 초깃값 X_{0j}^s의 차의 절댓값((S) Model)

	긴키(近畿) $s=1$			기타 $s=2$			
	1차 $j=1$	2차 $j=2$	3차 $j=3$	1차 $j=1$	2차 $j=2$	3차 $j=3$	오차의 총계
$|X-X_0|$	0.000	0.000	0.000	0.000	0.000	0.000	0.000

14) 13)에 의해 노동과 자본의 수요량 l_j^s, k_j^s이 결정된다(표 4.41).

표 4.41 노동과 자본의 수요량 l_j^s, k_j^s ((S) Model)

	긴키(近畿) $s=1$			기타 $s=2$		
	1차 $j=1$	2차 $j=2$	3차 $j=3$	1차 $j=1$	2차 $j=2$	3차 $j=3$
노동	8.892	1,405.065	3,229.543	118.647	6,610.351	16,186.417
자본	45.928	960.606	2,879.270	624.291	4,702.375	13,259.687

15) 14)에 의해 노동과 자본의 초과수요량 EDL^s, EDK^s이 결정된다(표 4.42).

표 4.42 노동과 자본의 초과수요량 EDL^s, EDK^s((S) Model)

	긴키(近畿) $s=1$	기타 $s=2$
노동	0.000	0.000
자본	0.000	0.000

16) 노동과 자본의 초과수요량이 절댓값 수렴조건(여기서는 $\sum_s |EDL^s + EDK^s| < 0.001$)을 충족하면 계산이 끝난다. 그러나 그렇지 않을 경우 Newton법 등에 의해 임금률 w^s, 자본렌트 r^s를 변경시키고 3)으로 되돌아간다.

4.3.5 영차동차성과 왈라스 법칙의 확인

(1) 영차동차성 확인

영차동차성을 확인하기 위해 기준균형시점에서 설정한 가격변수인 임금률 w^s, 자본렌트 r^s의 값을 1에서 2로 두 배 할 경우 수량변수인 생산요소수요량이 전과 같은 값을 유지하는지 확인한다(표 4.43, 4.44).

표 4.43 임금률 w^s과 자본렌트 r^s의 2배((S) Model)

	긴키(近畿) $s=1$	기타 $s=2$
임금률 w^s	2.000	2.000
자본렌트 r^s	2.000	2.000

표 4.44 가격변수 2배와 수량변수(생산요소수요량)((S) Model)

	긴키(近畿) $s=1$			기타 $s=2$		
	1차 $j=1$	2차 $j=2$	3차 $j=3$	1차 $j=1$	2차 $j=2$	3차 $j=3$
노동	8.892	1,405.065	3,229.543	118.647	6,610.351	16,186.417
자본	45.928	960.606	2,879.270	624.291	4,702.375	13,259.687

(2) 왈라스 법칙의 확인

식 (4.29)에 따라 기준균형시점에 설정한 가격, 이 가격으로 계산한 생산요소시장의 수요량, 기준균형시점의 생산요소시장의 공급량을 이용하여 왈라스 법칙이 성립하는지 확인할 수 있다(표 4.45).

표 4.45 왈라스 법칙의 확인((S) Model)

$r=1$	w_1	l_{11}	l_{12}	l_{13}	L_1	$w_1(l_{11}+l_{12}+l_{13}-L_1)$
	1.000	8.892	1,405.065	3,229.543	4,643.500	0.000
$r=2$	w_2	l_{21}	l_{22}	l_{23}	L_2	$w_2(l_{21}+l_{22}+l_{23}-L_2)$
	1.000	118.647	6,610.351	16,186.417	22,915.415	0.000
$r=1$	r_1	k_{11}	k_{12}	k_{13}	K_1	$r_1(k_{11}+k_{12}+k_{13}-K_1)$
	1.000	45.928	960.606	2,879.270	3,885.804	0.000
$r=2$	r_2	k_{21}	k_{22}	k_{23}	K_2	$r_2(k_{21}+k_{22}+k_{23}-K_2)$
	1.000	624.291	4,702.375	13,259.687	16,586.352	0.000

4.3.6 균형계산 알고리즘

모형에 정책 시나리오 파라미터를 적용한 직후에는 당연히 노동과 자본의 초과수요량 EDL^s, EDK^s의 절댓값이 기준을 초과한다. 이 초과수요를 감소시키려면 가격변수인 임금률을 변화시켜야 한다. 구체적으로 노동의 초과수요가 양(+)인 경우, 노동수요가 공급량을 초과한 상태이므로 임금률을 높인다.

반대로 노동의 초과수요가 음(−)인 경우, 노동공급이 초과된 상태이므로 임금률을 낮춘다. 이와 같은 조정을 초과수요가 제로가 될 때까지 반복한다.

4.3.7 정책의 평가방법

이번에는 정책 시나리오를 지역 간 수송마진율 t^{rs}가 기준균형시점 10%에서 9%로 감소한 경우를 설정한다. 기준균형시점의 가계의 효용 U_a와 정책 시나리오 적용 후의 가계효용 U_b를 계산한 값을 식 (4.19)에 대입하여 정책에 의한 등가편차 EV를 계산한다(표 4.46).

등가편차 EV 이외에도 w^s, r^s, P_i^s, cf_i^{rs}, X_j^s 등 가격과 생산량의 변화에 대해서도 평가할 수 있다(표 4.47).

표 4.46 등가편차 EV에 의한 평가

	기준균형시점(without)				정책 시나리오 적용 후(with)			
설정값			$s=1$	$s=2$			$s=1$	$s=2$
	$r=1$		10.000%	10.000%	$r=1$		9.000%	9.000%
	$r=2$		10.000%	10.000%	$r=2$		9.000%	9.000%
	(1) 수송마진율 t_a^{rs}				(2) 수송마진율 t_b^{rs}			
중요지표			긴키 $s=1$	기타 $s=2$			긴키 $s=1$	기타 $s=2$
	효용 U_0^s		3,700.582	17,407.616	효용 U_1^s		3,763.93	17,715.43
	(3) 효용 U_a				(4) 효용 U_b			
			긴키 $s=1$	기타 $s=2$	계			
	등가편차 EV		145.126	734.761	879.887			
	(5) 등가편차 EV							

표 4.47 기출·생산량 등에 의한 평가

기준균형시점(without)

(1) 임금률 w^s과 자본렌트 r^s

	긴키 $s=1$	기타 $s=2$
임금률 w	1.000	1.000
자본렌트 r	1.000	1.000

(3) 재화·서비스가격 P_i^s

	긴키 $s=1$			기타 $s=2$		
	1차 $j=1$	2차 $j=2$	3차 $j=3$	1차 $j=1$	2차 $j=2$	3차 $j=3$
P_i^s	1.000	1.000	1.000	1.000	1.000	1.000

(5) 소비재합성소비량 cf_i^{rs}

	긴키 $s=1$	기타 $s=2$
1次 $i=1$	29.473	224.648
2次 $i=2$	2,564.611	13,182.004
3次 $i=3$	5,206.104	24,275.951

(7) 생산량 X_j^s

	긴키 $s=1$			기타 $s=2$		
	1차 $j=1$	2차 $j=2$	3차 $j=3$	1차 $j=1$	2차 $j=2$	3차 $j=3$
X_1	94.523	6,500.815	9,635.930	1,342.446	32,184.226	46,130.707

정책 시나리오 적용(with)

(2) 임금률 w^s과 자본렌트 r^s

	긴키 $s=1$	기타 $s=2$
임금률 w	1.018	1.019
자본렌트 r	1.018	1.018

(4) 재화·서비스가격 P_i^s

	긴키 $s=1$			기타 $s=2$		
	1차 $j=1$	2차 $j=2$	3차 $j=3$	1차 $j=1$	2차 $j=2$	3차 $j=3$
P_i^s	1.010	1.006	1.012	1.010	1.006	1.012

(6) 소비재합성소비량 cf_i^{rs}

	긴키 $s=1$	기타 $s=2$
1次 $i=1$	29.955	228.548
2次 $i=2$	2,628.933	13,525.414
3次 $i=3$	5,274.876	24,595.317

(8) 생산량 X_j^s

	긴키 $s=1$			기타 $s=2$		
	1차 $j=1$	2차 $j=2$	3차 $j=3$	1차 $j=1$	2차 $j=2$	3차 $j=3$
X_1	94.055	6,538.217	9,614.888	1,338.129	32,393.335	46,019.301

4.4 SCGE 분석의 실무상의 과제

지금까지 SCGE 분석의 이론과 응용을 소개하였는데, 이 분석결과는 각종 대체탄력성의 값에 크게 의존한다. 특히 교통정비평가는 재화 구입 지역을 선택하는 CES 함수에 포함되는 대체탄력성의 값과 시간단축이 가격에 미치는 영향력 설정에 크게 좌우된다. 이러한 이유로 [土谷, 秋吉, 小池 2005]가 이 값을 추정하는 실험을 하였지만, 그 결과는 산업 수·지역 수가 한정된 점정치에 지나지 않았다. 따라서 SCGE 이론을 현실에 응용하려면 분석할 때마다 대체탄력성을 추정해야 한다. 다행히 교통행태에 포함되는 지역 선택행위는 교통분석 분야에 많은 정보가 축적되어 있으므로 이것을 이용하는 것이 유용하다. 이와 같은 아이디어를 기초로 한 모형이 [Mun 1997], [土屋, 多多納, 岡田 2004], 그리고 RAEM-Light이다. 이 모형들은 응용일반균형 프레임에 교역행태를 로짓 모형으로 부여하여 간편하지만, 실전적인 모형으로 완성되었다.

그러나 로짓 모형은 가격에 대하여 영차동차성을 갖지 못하기 때문에 엄밀히 말하면 일반균형의 근사에 지나지 않는다. 또 교통시설정비평가에 응용할 경우, 정비 덕분에 시간이 단축되므로 SCGE의 정책변수인 t^{rs}가 어느 정도 변하는가(동시에 초기상태의 t^{rs}를 얼마로 설정하였는가)에 의해 편익이 크게 달라진다. 이것을 근거로 생산재가격에서 차지하는 운송비의 비율로부터 추정하는 방법 등 다양한 기법에 제시되고 있으나, 여전히 시행착오 단계라 하겠다. 앞에서 서술한 바와 같이 교역행태에 로짓 모형을 부여한 것은 이러한 문제도 동시에 해결하고자 하는 의미가 내포된 것이므로 중요하게 다루어야 할 것이다.

제**5**장

CUE 모형의 이론과 응용

CUE 모형의 이론과 응용

5.1 들어가는 말

본 장에서는 토지이용·교통모형에 미시경제학적 기초를 도입한 CUE 모형의 이론과 엑셀 활용 방법을 해설한다. 인구분포, 취업자 분포, 인구의 이동및 물류, 교통 혼잡, 지가 등 도시권에서 일어나는 여러 현상을 정량적·통합적으로 다루어, 도시 현상의 메커니즘을 분석하는 시도는 토지이용·교통모형(예를 들면 [中村 1984]) 또는 도시모형으로 발전해왔다.

도시정책 검토와 관련하여 토지이용과 교통의 횡단면적인 검토를 해야 할필요성은 일찍이 지적되어왔다. 토지이용모형과 교통모형의 구조는 그림 5.1과 같다. 토지이용과 교통은 각각 별개의 모형이며, 토지이용모형에 들어가는교통조건(input)과 교통모형에서 출력되는 교통조건(output), 교통모형에 들어가는 인구분포와 토지이용모형에서 출력되는 인구분포가 일치하지 않는 경우가 있다. 이 때문에 토지이용계획과 교통계획을 실시할 경우 전제조건, 예측 및 평가결과가 다를 수 있으므로 도시정책에서 토지이용과 교통의 타당성 검토가 어려워질 수 있다.

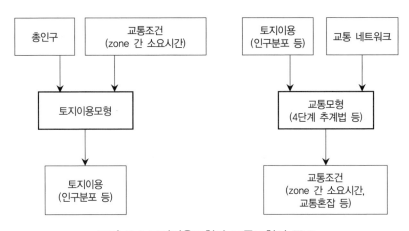

그림 5.1 토지이용모형과 교통모형의 구조

토지이용·교통모형이 그림 5.2와 같이 토지이용모형과 교통모형의 입출력이 정합성을 유지하면, 토지이용계획과 교통계획을 정합적으로 검토할 수 있다.

일본에서는 지난날 난개발(sprawl)이나 교통혼잡 등의 정책 과제에 더하여, 근년에는 대기오염, 지구온난화 등 환경문제가 중요한 도시정책의 과제가 되고 있다. 이에 대응하는 도시구조로 콤팩트 시티† 정책 등이 제기되고 있으나, 구체적인 공간구조나 정책목표(지표) 등은 제시되고 있지 못한 실정이다.

---

† 역자 주 : 콤팩트 시티(compact city)는 도시 중심부에 주거, 상업 시설을 밀집시켜 교통수단을 이용하지 않고 걸어다니며 생활할 수 있게 한 도시 모형. 도심 본래 기능을 최대한 살리는 것을 목적으로 하며, 인구감소시대를 대비한 모형으로 주목받고 있다.

그뿐만 아니라 아직도 도로계획을 세울 때 유발교통이나 개발교통을 명시적으로 분석하는 작업조차 충분히 이루어지는 것이 아니다. 유럽에서는 토지이용·교통모형의 출력결과에 기초하여 정책당국은 도시주민의 여론에 무게를 두고 정책을 결정하는 사례가 있는데, 이와 같은 방법은 도시(권) 정책을 결정할 때 심도 있게 고려해볼 필요가 있다.

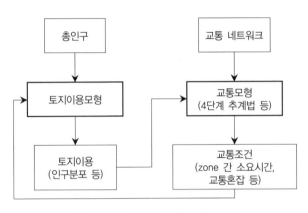

그림 5.2 토지이용·교통모형의 구조

또 공공정책의 효율성 평가에 비용편익분석을 적용하는 것이 일반적이며, 사업에 따라 미시경제학적 이론에 기초한 분석 매뉴얼이 작성되어 있다. 도시(권) 정책에 대한 정책효과를 평가하기 위해 비용편익분석이 필요하다. 본 장에서 해설하는 CUE 모형은 비용편익분석 매뉴얼로써 이론적인 근거를 확보하고 있으며, 도로, 철도, 도시정비 등 다양한 시책을 통일적으로 평가할 수 있다. CUE 모형을 대상으로 하는 도시권 정책은 표 5.1과 같다. 도시고속도로나 간선철도, 도시철도 등 교통에 관한 시책과 용도·용적규제나 구획정리 등 토지이용에 관한 시책을 통일적으로 다룰 수 있다.

표 5.1 CUE 모형의 분석 대상 시책

대상	분야	시책명
교통	도로정책	간선도로정비
		통행료 시스템(road pricing) 등 요금시책
	철도정책	도시철도, LRT 등의 정비
		운임정책
토지이용	이용규제	용도·용적 등 토지이용규제
	도시계발	구획정리, 뉴타운 개발
	과세기법	고정자산세, 사업소세 등 세제, 보조금
	거점형성	기업유치 등

5.2 CUE 모형의 개요

5.2.1 토지이용·교통모형의 발전 경위

토지이용·교통모형은 1950년대 로리 모형을 시작으로, 1970년대 엔트로피 (entrophy) 모형의 정식화, 그리고 1980년대 ISGLUTI에 의한 대규모 실용모 형이 개발되어 적용하기에 이르렀다. 로리 모형은 인구나 기업 등의 총량을 외생적으로 설정하고 교통의 편이성 등 조건에 따라 도시권 내의 각 존(zone)에 분배하는 형식인데, 기본구조는 오늘날도 여전히 수용되고 있다.

실용적인 토지이용·교통모형은 규모가 크고 복잡하므로 재현성이나 계산가 능성에 대한 비판도 있지만, 최근 여러 나라·지역에서 적용하고 있다. 왜냐하면 대기오염이나 지구온난화 문제 등 환경문제나 교통기반정비에 의한 정교한 편 익 계측이 필요하다는 의식이 높아짐에 따라 토지이용·교통모형의 장점이 재인 식되었기 때문이다. 미국에서는 1990년대 제정된 종합육상교통효율화법(ISTEA),

1998년에 제정된 21세기 교통공평화법(TEA 21)이 각 도시권에서 도시권계획기구(MPO)에 대하여 토지이용과 교통계획을 하나의 틀(frame)로 통합할 것을 요구하고 있다. 영국에서는 환경·교통·지역개발성(DETR : 당시)이 간선도로 평가위원회(SACTRA)에 새로운 교통기반정비가 미치는 광범위한 영향을 고려할 것을 요구하였으며, 다중모형지침(Multi-Model Guidance)에는 토지이용·교통상호작용모형을 이용할 것을 장려하고 있다. 또 최근에는 교통계획뿐만 아니라 국토정책이나 개발계획 등에서도 도시모형이 이용되기 시작하였다.

최근 토지이용 교통모형에 관한 연구(Review)에는 [青山 1984], [戶田 1984], [Webster 1988], [DETR 1999], [上田, 堤 1999], [古谷 2003], [Wegener 2003], [上田, 堤, 武藤, 山崎 2008] 등이 있다. 특히 [上田, 堤 1999], [上田, 堤, 武藤, 山崎 2008]는 토지이용·교통모형에 대한 통합프레임을 제시하였는데, 일본에서 개발된 토지이용·교통모형을 대상으로 이론과 실증 양면에서 각 모형의 특징을 정리하였으며, 편익평가에 대하여 다양한 관점을 제시하고 있다.

5.2.2 CUE 모형의 이론적 기초 : 입지균형

전술한 바와 같이 CUE 모형은 도시경제학을 이론적 기초로 하여 구축한 모형이다. 그래서 이론적인 기초로서 '입지균형'에 대해 설명한 다음, 그것을 CUE 모형에서 사용하는 확률적인 입지균형으로 확장해갈 것이다.

(1) 이론적 기초

대상도시는 교통조건이나 환경수준이 같다고 간주되는 범위에서 분할하고,

이 범위를 존(zone)이라 정의한다. 특히 도시는 복수의 존 $i \in \{1, \cdots I\}$로 분할되어 있으며, 가계나 기업 등은 그 안에서 입지할 존을 선택한다. 입지균형 상태란 각 존에 가계의 토지수요량과 지주의 토지공급량이 일치하며, 가계가 입지하고 있는 존 사이는 효용수준이 같고, 교통네트워크 균형모형의 이용자 균형상태도 같은 조건이라는 뜻이다. 그러므로 입지하지 않은 존의 효용수준은 입지한 존보다 낮다.

먼저 입지균형상태는 폐쇄도시, 부재지주, 동일 타입의 가계가 상정된 모형으로 제시한다. 폐쇄도시란 대상 도시권 내외로부터 인구의 이동이 없으므로 대상 도시권의 총인구가 외생적으로 부여된다는 의미이다. 가계는 입지된 존에서 토지면적 q_i, 합성재 z_i(토지 이외의 소비지출)로부터 얻을 수 있는 효용 $U(q_i, z_i)$를 소득 Y에서 교통비용 T_i를 뺀 $(Y - T_i)$ 범위에서 최대화한다고 가정한다. 어떤 존 i에 입지한 가계의 효용최대화 문제는 다음과 같이 정식화된다.

$$V(R_i, \ Y - T_i) = \max_{q_i, z_i} U(q_i, z_i) \tag{5.1a}$$

$$s.t. \quad z_i + R_i q_i = Y - T_i \tag{5.1b}$$

단, V: 간접효용, U: 직접효용, R_i : 존의 지대, Y: 소득, T_i : i존의 교통비용, q_i : i존의 가계당 토지면적, z_i : 합성재이다.

효용최대화의 문제는 다음과 같이 가계당 토지면적, 합성재의 수요함수를 각각 도출할 수 있다.

$$q_i = q(R_i, \ Y - T_i) \tag{5.2a}$$

$$z_i = z(R_i, \ Y - T_i) \tag{5.2b}$$

지금까지는 일반적인 미시경제학의 효용최대화 문제와 같다. 입지균형상태에서는 입지가 실현된 모든 존의 효용수준이 같아야 한다. 만약 존 간에 효용수준의 차가 있으면, 효용수준이 낮은 존으로부터 높은 곳으로 가계가 유입되는 인센티브가 유발된다. 가계가 유입되는 존은 토지수요가 커지므로 지대가 상승하여 결국 입지균형상태에서 존 간 효용수준이 같아지게 된다. 입지균형상태는 다음과 같은 일련의 조건식으로 표현된다. 첫째, 토지시장에 대한 수요량과 공급량의 정산조건이다. 둘째, 도시권 전체 총가계수(인구)에 대한 제약식, 그리고 등효용수준이다. 각 존의 토지공급량 L_i는 지대 R_i의 함수 $L_i(R_i)$로 나타낸다.

$$n_i q(R_i, \ Y - T_i) = L_i(R_i) \ \text{for all} \ i \in \{1, \ \cdots, \ I\} \tag{5.3a}$$

$$\sum_i n_i = N \tag{5.3b}$$

$$\left\{ V^* - V(R_i, \ Y - T_i) \right\} n_i^* = 0$$
$$\left\{ V^* - V(R_i, \ Y - T_i) \right\} \geq 0 \ \text{for all} \ i \in \{1, \ \cdots, \ I\} \tag{5.3c}$$
$$n_i^* \geq 0$$

단, n_i : 존 i의 가계 수, * : 균형상태를 표현하는 위첨자

모든 존에 가계가 입지한다고 가정하면, 이에 대한 조건식은 다음과 같은
연립방정식이 된다. [ ] 안은 각 식의 개수이다.

$$n_i q(R_i,\ Y - T_i) = L_i(R_i) \quad [I \text{개}] \tag{5.4a}$$

$$V^* = V(R_i,\ Y - T_i) \qquad [I \text{개}] \tag{5.4b}$$

$$\sum_i n_i = N \qquad\qquad [I \text{개}] \tag{5.4c}$$

미지수는 $n_i[I\text{개}]$, $R_i[I\text{개}]$, $V^*[1\text{개}]$이며, 방정식의 수는 미지수의 수와
같다.

(2) 확률적 입지균형

현재 사용되는 대부분의 토지이용모형은 폐쇄도시모형으로 총인구 등 입지
자수 총량이 고정되어 있다고 가정하며, 로짓 모형으로 분배하는 방법이 대부
분이다. 로짓 모형을 이용한 분배가 앞에서 설명한 입지균형모형을 포함하고
있다는 것은 [上田 1992, 1999]에도 제시되어 있으며, 이 입지균형과 확률적
입지균형 간의 관계는 교통량 분배에 대한 이용자 균형배분과 확률적 이용자
균형배분 관계와 같다. 가계는 각 존에서 효용(기업은 이윤)에 따라 입지를 선
택한다. 그리고 존에 입지할 확률 P_i는 다음의 수리최적화 문제에 기초하여
도출된 로짓 모형으로 나타낼 수 있다. 이것을 [宮城, 小川 1985]에서 효용최

대화행태라고 해석하였다.

$$S(V) = \max_{Pi} \sum_i \left[P_i V_i - \frac{1}{\theta} P_i \ln P_i \right] \quad \text{(5.5a)}$$

$$s.t. \quad \sum_i P_i = 1 \quad \text{(5.5b)}$$

최대화 문제에서 다음 식이 도출된다.

$$P_i = \frac{\exp[\theta V_i]}{\sum_i \exp[\theta V_i]} \quad \text{(5.6a)}$$

$$S(V) = \frac{1}{\theta} ln \sum_i \exp[\theta V_i] \quad \text{(5.6b)}$$

P_i는 i존의 효용 V_i가 다른 존보다 크면 그 존의 입지선택확률이 높아진다는 것을 의미한다. 한편 $S(V)$는 선택의 결과로 이 도시권 내에서 가계가 얻는 효용의 대푯값이다.

(3) CUE 경제모형의 개요

전통적인 토지이용·교통상호작용모형에서 미시경제학적인 기초를 도입한 CUE 모형은 [上田 1991], [上田 1992], [上田, 堤 1999], [武藤, 上田, 高木 2000] 등에 의해 구축된 것이 있다.

CUE 모형의 전체구조는 그림 5.3과 같다. 모형에서 상정하고 있는 주체는 가계, 기업, 지주이며, 각각 효용최대화(또는 이윤최대화) 행동을 한다. 토지시장 및 교통시장에서 결정된 가격(지대, 교통비용)에 의해 재화(트립 수, 토지면적)의 소비·투입량이 조정되는 모형이며, 각 존에서 토지시장과 존 사이를 연결하는 교통시장이 동시에 균형을 이루는 다시장 동시균형모형이다.

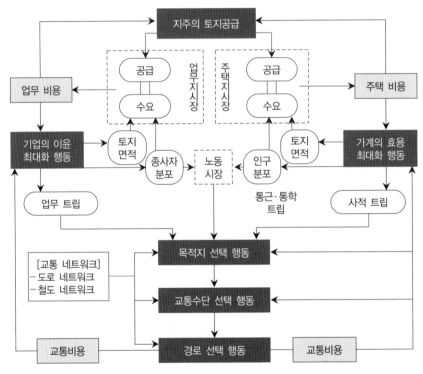

그림 5.3 CUE 모형의 전체구조

CUE 모형의 특징은 첫째, 기존의 통합교통체계조사, 도로계획 등에서 이용하는 데이터 및 예측기법과 정합적이며, 실무적으로 교통계획이 진행되는 지역에서는 그것을 확장하여 분석할 수 있다는 점이다. 둘째, 기존의 비용편익분석의 틀과 이론적으로 배치됨이 없다는 점이다. 마지막으로 CUE 모형은 이점들을 통합하고 있으므로 예측과 평가가 논리적으로 부합된다는 점이다. [Anas 1982]에서 지적한 바와 같이 편익평가에 부합되는 경제모형은 미시경제학적 기초를 갖추어야 한다. 모형에서 수요함수와 공급함수는 효용최대화(또는 이윤최대화)문제로부터 도출되며, 가격을 시그널로 하여 수요와 공급이 일치하는 시장균형을 이루어야 한다. 로리 모형이나 그 후 개발·상용화되어 세계 각지에서 적용하고 있는 MEPLAN [Echenique 1994], [Hunt and Simmonds 1993], TRANUS [Modelistica 2005]는 [古谷 2003], [Abraham 1998]에서 지적하는 것처럼 미시경제학적 기초가 얼마나 철저한가를 명확히 파악하기 곤란하다. 다만, MEPLAN, TRANUS 등의 모형은 입지와 OD 트립(trip)이 동시에 결정되는 구조이며, 현상 파악을 위한 목적의 시뮬레이션 모형 정도로는 유효하다고 볼 수 있다.

CUE 모형은 CGE 모형에 비하여 실무에 적용된 사례가 많지 않다. CUE 모형의 교통모형은 4단계 추계까지 포함되어 있다. 따라서 모형을 구축하려면 통합교통체계 등을 나타내는 교통모형이 구축되어 있어야 하므로 필연적으로 대규모이며, 특히 복잡한 수치모형이 되어야 하기 때문이다. CUE 모형의 적용사례는 [山崎, 上田 2008], [山崎, 武藤 2008], [Yamasaki, Ueda and Muto 2008]을 참조하기 바란다.

5.3 엑셀에 의한 CUE 모형의 계산방법

5.3.1 모형

앞에서 설명한 바와 같이 CUE 모형은 규모가 크고 복잡한 모형이므로 단시간에 구축하여 이용하기 어렵기 때문에 이 책에서는 간단한 모형으로 해설한다. 주요 인자는 도시정책이 도로혼잡과 기업입지에 미치는 영향력 관계이며, 여기에서는 주로 토지시장균형, 편익평가에 대한 계산방법을 익히는 것을 목표로 한다.

본 모형에서 상정하고 있는 시책은 도로정비(혼잡완화는 제외), 공공서비스시설(또는 상업시설)의 이전, 시가화 구역의 변경(조정구역 변경선 포함) 등이며, 시책이 도시구조에 끼치는 영향 및 편익을 평가한다.

(1) 도시의 상정

도시에는 고령자 세대와 근로자 세대 등 두 종류의 가계가 입지하고 있으며, 복수의 존으로 분할되어 있다. 가계의 타입과 존은 다음과 같이 표시한다. 또한 각 존의 토지는 각각 해당 지역 지주의 소유이다.

$$m \in M = \{1, 2\} : 가계의 \ 속성 \ 라벨,$$
$$1 : 고령자 \ 세대, \ 2 : 근로자 \ 세대(고령자 \ 이외)$$
$$i \in I = \{1, 2, 3, 4, 5, 6, 7, 8, 9\} : 존을 \ 나타내는 \ 라벨$$

(2) 가계의 행동모형

가계의 행동모형은 다음과 같이 나타낸다.

(a) 재화소비활동

가계의 효용함수를 로그선형으로 바꾸고, 시간자원을 포함하는 총소득 제약 하에 효용최대화 문제로 가계의 재화소비행동모형을 정식화한다.

$$V_i^m(q_i^m, r_i^m, I_i^m) = \max_{z_i^m, x_i^m, l_i^m} [\alpha_z^m \ln z_i^m + \alpha_x^m \ln x_i^m + \alpha_l^m \ln l_i^m] \tag{5.7a}$$

$$s.t. \quad z_i^m + q_i x_i^m + r_i l_i^m = w^m[\Omega^m - t_{i1}] < \equiv I_i^m > \tag{5.7b}$$

단, z_i^m : 합성재소비량, x_i^m : 사적인 트립 소비량(트립 수), l_i^m : 토지면적(주택소비량), q_i : 트립 비용(왕복), r_i : 지대, t_{i1} : 존 i부터 1까지 통근시간, w^m : 가계의 임금률(시간가치)[엔/시간], Ω^m : 총이용가능시간(고정), α_z^m, α_x^m, α_l^m : 지출분배 파라미터($\alpha_z^m + \alpha_x^m + \alpha_l^m = 1$), I_i^m : 총소득, V_i^m : (간접)효용함수 이다.

식 (5.7)의 효용최대화 문제를 풀면 수요함수와 간접효용함수가 도출된다.

$$z_i^m = \alpha_z^m I_i^m \tag{5.8a}$$

$$x_i^m = \frac{\alpha_x^m}{q_i} I_i^m \tag{5.8b}$$

$$l_i^m = \frac{\alpha_l^m}{r_i} I_i^m \qquad (5.8c)$$

$$V_i^m = \ln\left(I_i^m\right) - \alpha_x^m \ln\left(q_i\right) - \alpha_l^m \ln\left(r_i\right) + C \qquad (5.8d)$$

단, $C = \alpha_z^m \ln\left(\alpha_z^m\right) + \alpha_x^m \ln\left(\alpha_x^m\right) + \alpha_l^m \ln\left(\alpha_l^m\right)$

각 존의 대표 트립 비용 q_i는 각 목적지 j의 트립 수의 비율(목적지선택확률) P_{ij}^T에 가중평균한 값이다. 목적지선택확률 P_{ij}^T는 로짓 모형을 이용하므로, 각 존의 대표적인 트립 비용 q_i는 엄밀하게 기대최소비용함수(로짓 모형의 로그합계함수. 예를 들면 [宮城, 小川 1985] 참조)를 활용하는 것이 적절하다.

$$q_i = \sum_j P_{ij}^T q_{ij} \qquad (5.9a)$$

$$P_{ij}^T = \frac{\exp[\theta^s q_{ij} + \psi E_j]}{\sum_j \exp[\theta^s q_{ij} + \psi E_j]} \qquad (5.9b)$$

단, E_j : 서비스산업의 종사자 수(목적지의 상업입지 또는 공공서비스의 규모), θ^s, ψ : 파라미터이다.

(b) 입지행태 · 토지수요량

여기에서 상정하고 있는 입지행태란 확률적 입지선택을 의미한다. 타입 m

의 가계는 효용수준 V_i^m 보다 높은 존으로 입지를 변경할 수 있으며, 로짓 모형에 의해 입지선택행동을 정식화한다. 각 존의 입지가계 수 N_i^m 은 도시권의 총노동자 N_T^m 에 입지선택확률을 곱하여 산출한다. 간접효용함수에 포함되어 있지 않은 요인 τ 도 각 존의 매력을 반영하는 것으로 고려한다.

$$P_i^m = \frac{\exp \theta^m (V_i^m + \tau_i^m)}{\sum_i \exp \theta^m (V_i + \tau_i^m)} \tag{5.10a}$$

$$N_i^m = P_i^m N_T^m \quad m \in \{1, 2\} \tag{5.10b}$$

가계의 토지수요량 D_i^m 은 토지면적과 입지자 수를 곱하여 다음과 같이 나타낸다.

$$D_i^m = l_i^m N_i^m \quad i \in \{1, \cdots, 9\} \tag{5.11}$$

(3) 지주의 토지공급

지주는 가계에 주택지를 공급하는데, 이윤최대화를 목적으로 하므로 다음과 같이 정식화된다.

$$\Pi_i = \max_{y_i} [r_i y_i - C(y_i)] \tag{5.12a}$$

$$s.t. \quad C(y_i) = -\sigma_i Y_i \ln\left(1 - \frac{y_i}{Y_i}\right) \tag{5.12b}$$

단, y_i : 주택지 공급면적, $\overline{Y_i}$: 주택지 공급가능면적, r_i : 지대, σ_i : 파라미터, Π_i : 지주의 주택지 공급이윤이다.

식 (5.12)의 최적화 문제를 풀면 토지공급함수는 다음과 같이 도출된다.

$$y_i = \left(1 - \frac{\sigma_i}{r_i}\right)\overline{Y_i} \tag{5.13}$$

(4) 균형조건

각 존에 토지시장이 있으며, 두 종류의 가계도 토지시장에서 토지를 수요한다고 상정한다. 토지시장균형조건은 다음과 같다.

$$y_i = \sum_m D_i^m \quad i \in \{1, \cdots, 9\} \quad \text{[토지시장에서의 수급일치]} \tag{5.14a}$$

$$\sum_i N_i^m = N_T^m \quad m \in \{1, 2\} \quad \text{[총가계 수 제약]} \tag{5.14b}$$

(5) 모형의 정리

이 단계에서는 모형의 식을 종합하여 정리해본다. 모형 적용이란 다음 연립방정식체계를 푸는 것을 의미한다.

$$I_i^m = w^m \left[\Omega^m - t_{i1} \right] \qquad \text{[가계의 총소득]} \qquad (5.7b)$$

$$x_i^m = \frac{\alpha_x^m}{q_i} I_i^m \qquad \text{[사적 트립 수]} \qquad (5.8b)$$

$$l_i^m = \frac{\alpha_l^m}{r_i} I_i^m \qquad \text{[토지면적]} \qquad (5.8c)$$

$$V_i^m = \ln\left(I_i^m\right) - \alpha_x^m \ln(q_i) - \alpha_l^m \ln(r_i) + C \quad \text{[가계효용함수]} \quad (5.8d)$$

단, $C = \alpha_z^m \ln(\alpha_z^m) + \alpha_x^m \ln(\alpha_x^m) + \alpha_l^m \ln(\alpha_l^m)$

$$q_i = \sum_j P_{ij}^T q_{ij} \qquad \text{[총가계 수 제약]} \qquad (5.9a)$$

$$P_{ij}^T = \frac{\exp[\theta^s q_{ij} + \psi E_j]}{\sum_j \exp[\theta^s q_{ij} + \psi E_j]} \quad \text{[가계의 사적 트립 목적지선택확률]}$$

$$(5.9b)$$

$$P_i^m = \frac{\exp \theta^m \left(V_i^m + \tau_i^m\right)}{\sum_i \exp \theta^m \left(V_i^m + \tau_i^m\right)} \qquad \text{[입지선택확률]} \qquad (5.10a)$$

$$N_i^m = P_i^m N_T^m \quad m \in \{1, 2\} \qquad \text{[입지가계 수]} \qquad (5.10b)$$

$$D_i^m = l_i^m N_i^m \qquad \text{[토지수요량]} \qquad (5.11)$$

$$y_i = \left(1 - \frac{\sigma_i}{r_i}\right)\overline{Y_i} \qquad\qquad \text{[토지공급량]} \qquad\qquad (5.13)$$

$$y_i = \sum_m D_i^m \qquad\qquad \text{[토지시장에서의 수급일치]} \qquad (5.14a)$$

$$\sum_i N_i^m = N_T^m \quad m \in \{1, 2\} \qquad \text{[총가계 수]} \qquad\qquad (5.14b)$$

(6) 편익계산

본 장에서 설명하고 있는 CUE 모형은 다시장 균형모형으로, 3장과 4장에서 해설한 SCGE 모형에서 측정하는 편익과는 엄밀히 말하면 다른 것이다. SCGE 모형은 왈라스 법칙이 성립하는 폐쇄모형이지만, CUE 모형은 왈라스 법칙이 성립하지 않는다. 따라서 CUE 모형으로 토지이용과 교통이 동시에 균형을 이루려면 개발인구, 개발교통 및 유발교통을 고려하여 편익을 계측해야 한다.

본 장에서 편익은 EV로 측정한다. EV는 시책 후의 효용수준을 유지한다고 가정하여, 시책 전 상태에 머물러 있게 될 경우 필요하다고 생각하는 최소보상액으로 간접효용함수를 이용하여 식 (5.15)와 같이 정의한다.

$$V(q_i^a, r_i^a, I_i^a + EV_i) = V^b \qquad\qquad (5.15)$$

단, a : 시책 전, b : 시책 후를 표시하는 첨자이다.

여기에 식 (5.8d) 간접효용함수의 구체적인 형식을 적용하면 다음과 같다.

$$\ln\left(I_i^{ma} + EV_i^m\right) - \alpha_x^m \ln q_i^a - \alpha_i^m \ln r_i^a + C = V_i^b \tag{5.16}$$

이것을 EV에 대해 풀면 식 (5.17)이 된다.

$$EV_i^m = \left(\frac{q_i^a}{q_i^b}\right)^{\alpha_x^m}\left(\frac{r_i^a}{r_i^b}\right)^{\alpha_l^m} I_i^{mb} - I_i^{ma} \tag{5.17}$$

식 (5.17)의 편익에 대한 정의식은 가계 1단위당 편익이므로, 존별 편익을 산출하려면 존의 입지가계 수를 곱해주면 된다. 단, 시책의 유무에 따라 존의 입지가계 수가 변하므로 엄밀히 계산하려면 선적분을 해야 하지만 여기에서는 [武藤, 上田, 高木, 富田 2000]에 의한 근사계산을 활용한다.

$$ZEV_i^m = EV_i^m \frac{N_i^{ma} + N_i^{mb}}{2} \tag{5.18}$$

단, ZEV_i^m : 존별 총편익, N_i^{ma}, N_i^{mb} : 각각 시책 전후 존 i의 입지가계 수이다.

한편 지주는 식 (5.19)와 같이 이윤 변화를 계측한다. 지주는 각 존에 1인이 있다고 가정하여 다음 식을 그대로 이용한다. 단, 선적분 계산은 사다리꼴 근사로 대체한다.

$$EV_i^{LH} = \int_{\Pi_i^{LHa}}^{\Pi_i^{LHb}} d\Pi_i^{LH} = \oint_{a \to b} y_i dr_i \fallingdotseq \frac{1}{2}[y_i^a + y_i^b][r_i^b - r_i^a]$$

(5.19)

마지막으로 EV를 미분하면 근사적으로 소비자잉여의 증가분을 구할 수 있는데, 특히 시책의 전후 입지가계 수가 달라지는 점을 고려하고 있다. 여기에서 가계의 타입을 나타내는 라벨은 생략한다. 각 존의 가계편익은 가계당 편익에 입지가계 수를 곱한 값이며 이것을 변형하면 식 (5.20)이 된다.

$$\Delta(N_i EV_i) = \int_{V_i^a}^{V_i^b} N_i(V) \frac{\partial e_i(V_i)}{\partial V_i} dV_i$$

$$= \oint_{a \to b} \frac{\partial e_i}{\partial V_i} \frac{\partial V_i}{\partial I_i} [-N_i(V)x_i dq_i - N_i(V)l_i dr_i + N_i(V)dI_i]$$

(5.20)

단, $e_i(V_i)$: 지출함수, V: 효용수준벡터$(= V_1, \cdots, V_9)$이다.

효용의 증분에 대한 한계지출 및 소득의 한계효용은 존에 따라 다르기 때문에, 근사하여 다음과 같이 가정한다.

$$\frac{\partial e_i}{\partial V_i} \frac{\partial V_i}{\partial I_i} \fallingdotseq 1$$

(5.21)

그리고 시책 전후 입지가계 수가 변하므로 식 (5.20)을 다음과 같이 변형시킨다.

$$\Delta(N_i EV_i) = \oint_{A \to B} \frac{N_i^a + N_i^b}{2} \left[-x_i(q_i, I_i) dq_i - l_i(r_i, I_i) dr_i + dI_i \right] \tag{5.22}$$

또한 지주편익의 귀착은 다음의 식과 같다.

$$EV_i^{LH} = \int_{r_i^a}^{r_i^b} y_i(r_i) dr_i \tag{5.23}$$

식 (5.22), (5.23)을 이용하여 표 5.2의 편익귀착 구성표를 작성할 수 있다.

표 5.2 편익귀착 구성표의 이미지

	...	존 i		
		고령자 세대 ($m=1$)	노동자 세대 ($m=2$)	지주
소득 변화 (통근시간 변화)	...	$\dfrac{N_i^{1A} + N_i^{1B}}{2} dI_i^1$	$\dfrac{N_i^{2A} + N_i^{2B}}{2} dI_i^2$	
사적 트립 시간 변화	...	$-\left(\dfrac{N_i^{1A} + N_i^{1B}}{2} \right) x_i^1 dq_i$	$-\left(\dfrac{N_i^{2A} + N_i^{2B}}{2} \right) x_i^2 dq_i$	
지대 변화	...	$-\left(\dfrac{N_i^{1A} + N_i^{1B}}{2} \right) l_i^1 dr_i$	$-\left(\dfrac{N_i^{2A} + N_i^{2B}}{2} \right) l_i^2 dr_i$	$\left(\dfrac{y_i^a + y_i^b}{2} \right) dr_i$
합계	...	$\dfrac{N_i^{1A} + N_i^{1B}}{2} EV_i^1$	$\dfrac{N_i^{2A} + N_i^{2B}}{2} EV_i^2$	EV_i^{LH}

표 5.2 편익귀착 구성표의 이미지(계속)

	존 j			...	총계
	고령자 세대 ($m=1$)	노동자 세대 ($m=2$)	지주		
소득 변화 (통근시간 변화)	$\frac{N_j^{1A}+N_j^{1B}}{2}dI_j^1$	$\frac{N_j^{2A}+N_j^{2B}}{2}dI_j^2$		...	$\sum_i \frac{1}{2}[(N_i^{1A}+N_i^{1B})dI_i^1 + (N_i^{2A}+N_i^{2B})dI_i^2]$
사적 트립 시간 변화	$-\left(\frac{N_j^{1A}+N_j^{1B}}{2}\right)x_j^1 dq_j$	$-\left(\frac{N_j^{2A}+N_j^{2B}}{2}\right)x_j^2 dq_j$		...	$-\sum_i \frac{1}{2}[(N_i^{1A}+N_i^{1B})x_i^1 + (N_i^{2A}+N_i^{2B})x_i^2]dq_i$
지대 변화	$-\left(\frac{N_j^{1A}+N_j^{1B}}{2}\right)l_j^1 dr_j$	$-\left(\frac{N_j^{2A}+N_j^{2B}}{2}\right)l_j^2 dr_j$	$\left(\frac{y_i^a+y_i^b}{2}\right)dr_i$	...	0
합계	$\frac{N_j^{1A}+N_j^{1B}}{2}EV_j^1$	$\frac{N_j^{2A}+N_j^{2B}}{2}EV_j^2$	EV_j^{LH}	...	$\sum_i EV_i$

5.3.2 모형 구축

(1) 엑셀 파일에 대하여

본 장의 엑셀 파일 시트구성은 표 5.3과 같다. 이하 도표의 캡션은 셀에 정리되어 있는 시트명이 붙여져 있다.

(2) 대상 도시권의 개황

그림 5.4에서 보는 것처럼 대상 도시권은 9개의 존으로 분할되어 있으며, 각 존에는 주택지와 업무지가 있고, 존과 존 사이는 도로로 연결되어 있다. 도로상 혼잡은 발생하지 않는다고 가정한다. 경제 주체는 고령자 세대 혹은 근로자 세대 등 두 타입의 가계, 서비스산업 기업(또는 공공서비스), 합성재 기업, 부재지주가 있다고 가정한다.

표 5.3 엑셀 파일 시트구성

시트명	내용
① (U) Oridata	연습 대상 지역 데이터
② (U) Para	모형 구축을 위한 파라미터 및 소득 등 외생변수
③ Tc	존 간 교통비용의 설정
④ Tc_P	사적 트립의 목적지선택확률과 비용 산출
⑤ Model_D	입지량과 토지면적, 토지수요량
⑥ Model_S	토지공급량 산출 모형
⑦ Model_EQ	⑤, ⑥의 토지수요와 공급을 비교하여 지대 변경
⑧ Benefit	토지시장균형 후 편익계측

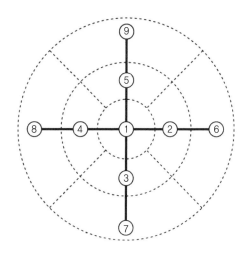

그림 5.4 대상 도시권(9개 존)

각 존의 주택지는 일정량의 이용가능한 면적(시가화 구역 등)과 공급면적 (택지 등)이 있으며, 지주는 지대의 변화에 반응하므로 이용가능면적 범위에 따라 토지공급량을 결정한다. 가계는 9개의 존 어디든 자유롭게 선택할 수 있으나, 서비스산업은 각 존의 업무지에만 입지할 수 있으며, 종사자 수의 존별 분포는 외생변수로 간주한다. 합성재 기업은 모두 존 1(CBD : 업무중심지)에만 입지하며, 가계는 모두 존 1(CBD)로 통근한다고 가정한다. 서비스기업의 종사자는 명시적으로 다루지 않는다.

대상 도시권에서 각 존의 설정은 표 5.4와 같다. 도시권의 총가계 수는 고령자 세대가 1.5만 세대, 근로자 세대가 15.7만 세대이다. 또 통근비용을 제외한 평균소득은 고령자 세대가 190만 엔, 근로자 세대가 약 350만 엔이다.

표 5.4 대상 도시권(각 구역의 상황)((U) Oridata)

존	인구 관련(명) : N_i		소득(엔) : I		가격 관련		
	고령자 세대	노동자 세대	고령자 세대	노동자 세대	통근비용 (엔/트립 : 왕복) : t_{ij}	지대 (엔/m²) : r_i	사적 트립 교통비용 (엔/트립 : 왕복) : q_i
1	1,000	10,000	1,710,200	3,418,200	520	3,216	401
2	1,500	12,000	1,743,415	3,451,415	429	3,216	400
3	1,500	15,000	1,733,925	3,441,925	455	3,216	400
4	1,500	15,000	1,748,160	3,456,160	416	3,216	403
5	1,500	15,000	1,752,905	3,460,905	403	3,216	402
6	2,000	30,000	1,544,125	3,252,125	975	2,144	500
7	2,500	20,000	1,529,890	3,237,890	1,014	2,144	500
8	2,000	20,000	1,539,380	3,247,380	988	2,144	500
9	1,500	20,000	1,558,360	3,266,360	936	2,144	500

표 5.4 대상 도시권(각 구역의 상황)((U) Oridata)(계속)

존	토지 관련		존 개인용무 트립 수 (트립/일)		서비스산업 종사자 수
	이용면적 (m²) : y^H	이용가능면적 (m²) : Y^H	고령자 세대	노동자 세대	
1	340,133	358,035	584	11,670	9,000
2	418,879	492,799	895	14,167	8,000
3	513,962	604,661	891	17,680	7,000
4	516,219	607,317	892	17,632	6,000
5	516,972	608,202	896	17,691	5,000
6	1,422,781	2,032,544	846	26,723	4,500
7	977,483	1,396,404	1,048	17,741	4,500
8	966,221	1,380,316	843	17,794	4,500
9	957,704	1,368,149	640	17,888	4,500

여기에서 외생적으로 설정하는 서비스산업의 종사자 수는 가계가 사적 목적으로 하는 트립의 흡인력을 나타내며, 이 변수는 서비스산업을 상업으로 또는 공공서비스 부문으로 달리 표기하기도 하므로 분석에 따라 변수를 바꿀 수 있다.

(3) 파라미터 및 설정값

(a) 설정값

통상 CUE 모형을 구축할 때 파라미터는 칼리브레이션 등에 의해 설정하며 여기에서는 표 5.5와 같이 주었다.

표 5.5 파라미터 및 설정값((U) Para)

	고령자 세대	노동자 세대
합성재 : α_z	0.91	0.89
교통 : α_x	0.05	0.08
토지 : α_l	0.04	0.03
소득 : $w\Omega$	1,900,000	3,608,000
시간가치[엔/h] : w	815	1,629
C(파라미터에서 계산)	-0.364364365	-0.410970125

θH : 입지 로짓 계수	2.0	2.4

상업가중치계수 : ψ	0.00028
로짓파라미터 : θ^s	-0.3

(b) 설정 방법

모형을 구축할 때 파라미터를 설정하는 방법은 CGE와 같이 칼리브레이션
을 하는 기법과 교통모형과 같이 통계적으로 추정하는 두 가지 방법이 있다.

1) 통계적인 방법

통계적인 방법은 식 (5.8b), (5.8c)에 횡단면 데이터를 이용하여 최소자
승법 등으로 추정한다. 본 장과 같이 효용함수를 콥 · 더글라스형으로 가
정할 경우 변수는 재화의 가격과 소득에만 의존하기 때문에 추정하기 쉽
다. 단, 콥 · 더글라스형의 함수는 가격의 교차탄력성이 모두 제로라는 강
한 가정을 한다는 점에 주의해야 한다. 또 합성재의 파라미터 α_z는 효용
함수의 1차동차성 가정에 의해 $\alpha_z = 1 - \alpha_x - \alpha_l$이 성립한다.

2) 칼리브레이션 방법

칼리브레이션은 가계조사, 지역경제통계 등을 이용하여 값을 정하는 방법이다. 파라미터는 소비지출의 비율을 이용하여 결정한다(표 5.6).

표 5.6 칼리브레이션에 의한 설정

소비항목	노동자 세대	고령자 세대	계수	노동자 세대	고령자 세대
총소비액 : 시간비용 포함	9,503,740	5,468,954			
합성재	7,953,067	4,832,635	α_z	0.836 8	0.883 6
교통(이동시간비용 포함)	1,090,282	451,589	α_x	0.114 7	0.082 6
주거	460,391	184,730	α_l	0.048 4	0.033 8

(4) 모형 구축

모형식은 대상 도시권의 데이터셋, 파라미터 및 설정값을 이용하여 다음과 같은 순서를 따라 5단계로 진행된다.

① 1단계 : 트립 비용 및 목적지 선택모형 구축

② 2단계 : 토지수요모형 구축

③ 3단계 : 토지공급모형 구축

④ 4단계 : 균형계산

⑤ 5단계 : 편익계산

(a) 1단계 : 존 간 교통비용 및 목적지 선택모형의 구축

1) 존 간 교통비용 산출 → Sheet[Tc]

Sheet[Tc]에 존 간의 교통비용을 설정한다. 존 1(CBD)까지의 통근비용 t_{i1}은 존 1 도착 교통비용을 이용하며 초기 설정값은 표 5.7과 같다.

표 5.7 존 간 교통비용(엔/트립)의 설정(T_c)

도착 출발	1	2	3	4	5	6	7	8	9
1	200	215	228	208	202	488	507	494	468
2	215	200	442	423	416	273	722	709	683
3	228	442	200	436	429	715	280	722	696
4	208	423	436	200	410	696	715	286	676
5	202	416	429	410	200	689	709	696	267
6	488	273	715	696	689	250	995	982	956
7	507	722	280	715	709	995	250	1,001	975
8	494	709	722	286	696	982	1,001	250	962
9	468	683	696	676	267	956	975	962	250

2) 목적지 선택모형의 구축

Sheet[Tc_P]에서 상업에 대한 가중치 ψ와 로짓 파라미터 θ^s, 상업규모 (종사자 수) E_j, 존 간 트립 비용 q_{ij}를 이용하여 목적지 선택모형을 구축하고, 목적지선택확률 P_{ij}^T을 산출한다. 목적지선택확률은 식 (5.9b)로 계산한다. 식 (5.9b)의 j존 상업규모(종사자 수) E_j는 외생변수이며, 정책옵션으로 상업시설 또는 배치전환 시뮬레이션을 할 수 있다. 표 5.8은 초기단계의 목적지선택확률이다.

표 5.8 목적지선택확률의 산출(Tc_P)

출발 \ 도착	1	2	3	4	5	6	7	8	9
1	80%	1%	0%	3%	17%	0%	0%	0%	0%
2	2%	98%	0%	0%	0%	0%	0%	0%	0%
3	0%	0%	100%	0%	0%	0%	0%	0%	0%
4	17%	0%	0%	83%	0%	0%	0%	0%	0%
5	66%	0%	0%	0%	34%	0%	0%	0%	0%
6	0%	0%	0%	0%	0%	100%	0%	0%	0%
7	0%	0%	0%	0%	0%	0%	100%	0%	0%
8	0%	0%	0%	0%	0%	0%	0%	100%	0%
9	0%	0%	0%	0%	1%	0%	0%	0%	99%

3) 개인용무 트립 비용 : 가중평균 트립 비용 q_i의 산출

식 (5.9b)로 존 간 트립 비용과 목적지선택확률을 이용하여 존 트립 비용(q_i : 목적지별 트립 비율 가중평균비용 왕복분)을 계산한다.

(b) 2단계 : 토지수요모형의 구축

토지수요량은 전술한 바와 같이 가계당 토지면적 l_i에 존의 입지가계 수 N_i을 곱한 값으로, 여기에서는 두 단계로 나누어 분석한다.

1) 부지면적 l_i의 산출

식 (5.8c)를 이용하여 각 존의 가계당 토지면적 l_i을 산출한다.

2) 존 인구 N_i의 산출

각 존의 입지가계 수를 간접효용(식 (5.8d)) 또는 입지선택확률(식 (5.10))에 의해 산출하는데, 다음 순으로 실행한다.

① 간접효용의 산출

가계의 간접효용은 식 (5.8d)를 이용하여 계산한다. 여기에서 간접효용에 이용되는 소득, 가격 중 지대는 이 단계에서 '실측치'를 이용하며, 4단계의 균형계산에서 얻어진 값을 갱신지대로 이용한다.

② 입지선택확률의 산출

식 (5.10a) 로짓 모형으로 입지선택확률을 구한다. 산출된 입지선택확률의 추계값이 실측 추계치와 완전히 합치되도록 칼리브레이션을 한다. 이것은 식 (5.10a)에서 τ_i^m를 결정하는 일에 해당한다. 식 (5.10a)에서 입지선택확률 P_i^m의 실측치와 전 단계에서 계측된 간접효용함수 V_i^m의 값을 이용하여 역산하여 설정한다. 표 5.9는 칼리브레이션으로 설정된 τ_i^m이다.

표 5.9 입지선택확률의 칼리브레이션 결과(Model_D)

존	간접효용함수 : V_i		τ_i		입지선택확률 : P_i	
	고령자 세대	근로자 세대	고령자 세대	근로자 세대	고령자 세대	근로자 세대
1	13.365	14.246	0.45	0.44	6.7%	6.4%
2	13.384	14.256	0.82	0.60	10.0%	7.6%
3	13.379	14.253	0.83	0.83	10.0%	9.6%
4	13.387	14.257	0.81	0.82	10.0%	9.6%
5	13.390	14.259	0.80	0.82	10.0%	9.6%
6	13.268	14.191	1.34	1.67	13.3%	19.1%
7	13.259	14.186	1.58	1.28	16.7%	12.7%
8	13.265	14.189	1.34	1.27	13.3%	12.7%
9	13.277	14.195	1.03	1.26	10.0%	12.7%

③ 가계입지량의 산출

②에서 가계의 입지선택확률이 산출되었으므로 식 (5.10b)를 이용하여 각 존의 가계의 입지량을 산출한다.

3) 토지수요량의 산출

이상에서 산출된 토지면적 l_i와 가계입지 수 N_i를 식 (5.11)에 대입하여 토지수요량을 산출한다. 각 가계(여기에서는 고령자 세대 및 근로자 세대)의 토지수요량의 총합이 존의 토지수요량이 된다.

$$y_i = \sum_m D_i^m = \sum_m l_i^m N_i^m \quad m \in \{1, 2\} \tag{5.24}$$

(c) 3단계 : 토지공급모형의 구축

지주의 토지공급량은 식 (5.13)으로 산출하는데, 먼저 식 (5.13)의 파라미터 σ_i를 설정해야 한다. 실측치를 이용하여 다음과 같이 계산한다.

$$\sigma_i = \left(1 - \frac{y_i}{\overline{Y_i}}\right) r_i \tag{5.25}$$

σ_i가 도출되면 식 (5.13)을 설정한다. 결과는 표 5.10과 같다.

표 5.10 토지공급량(Model_S)

구역	지대 (엔/m²)	공급면적 (m²) : yH	공급가능면적 (m²) : YH	σ_i	토지공급량
1	3,216	340,133	358,035	160.8	340,133
2	3,216	418,879	492,799	482.4	418,879
3	3,216	513,962	604,661	482.4	513,962
4	3,216	516,219	607,317	482.4	516,219
5	3,216	516,972	608,202	482.4	516,972
6	2,144	1,422,781	2,032,544	643.2	1,422,781
7	2,144	977,483	1,396,404	643.2	977,483
8	2,144	966,221	1,380,316	643.2	966,221
9	2,144	957,704	1,368,149	643.2	957,704

(d) 4단계 : 균형계산

균형계산은 식 (5.14a)의 토지시장균형 조건식으로 균형지대를 구한다.

$$y(r_i) = \sum_{m=1,2} N_i^m(r_i) \cdot l_i^m(r_i) \tag{5.26}$$

균형계산은 왈라스 탐색에 의한 방법을 따른다. r_i의 변화량은 식 (5.27)과 같다.

$$r_{i(n+1)} = r_{i(n)} + k \cdot \frac{y_i - \sum\limits_{m=1,2} D_i^m}{y_i + \sum\limits_{m=1,2} D_i^m} \qquad (5.27)$$

단, n : 해(solution)의 변경횟수, k : 단계의 수(k는 수렴 상황이나 속도 등을 고려하여 적절히 설정)이다.

균형계산은 Sheet[Model_EQ]에서 한다.

구체적으로 표 5.11과 같이 셀 [토지수요량]에는 2단계에서 산출한 토지수요량을, 셀 [토지공급량]에는 3단계에서 산출된 토지공급량을 입력한다. 요컨데 Sheet[Model_D]에서 산출하는 토지수요량과 Sheet[Model_S]의 토지공급량을 링크(참조)시키는 것이다. 그래서 갱신지대 셀에는 식 (5.27)을 입력하여 토지수요량과 토지공급량이 같아질 때까지 계속 지대를 변경시킨다.

표 5.11 토지시장 균형계산(Model_EQ)

존	토지수요량	토지공급량	지대(엔/m²)	갱신지대
1	340,133	340,133	3,216	3,216
2	418,879	418,879	3,216	3,216
3	513,962	513,962	3,216	3,216
4	516,219	516,219	3,216	3,216
5	516,972	516,972	3,216	3,216
6	1,422,781	1,422,781	2,144	2,144
7	977,483	977,483	2,144	2,144
8	966,221	966,221	2,144	2,144
9	957,704	957,704	2,144	2,144

(e) 5단계 : 편익계산

편익계산에서 가계는 식 (5.17) 및 (5.18), 지주는 식 (5.19)를 이용한다. 편익계산은 먼저 표 5.12와 같이 Sheet[Bebefit]에 with/without의 교통비용(사적 트립 비용 : q_i), 지대 r_i, 소득 I_i^m 를 입력한다. 그리고 표 5.13과 같이 편익을 계산한다. 초기단계의 편익은 제로이다.

표 5.12 가격과 소득의 비교(Benefit)

존	교통비용 : q_i		지대 : r_i		소득 : I_i				토지공급자 : y_i	
					고령자 세대		근로자 세대			
	without	with	without	with	without	with	without	with	without	with
1	401	401	3,216	3,216	1,710,200	1,710,200	3,418,200	3,418,200	340,134	340,133
2	400	400	3,216	3,216	1,743,415	1,743,415	3,451,415	3,451,415	418,785	418,879
3	400	400	3,216	3,216	1,733,925	1,733,925	3,441,925	3,441,925	513,898	513,962
4	403	403	3,216	3,216	1,748,160	1,748,160	3,456,160	3,456,160	516,115	516,219
5	402	402	3,216	3,216	1,752,905	1,752,905	3,460,905	3,460,905	516,854	516,972
6	500	500	2,144	2,144	1,544,125	1,544,125	3,252,125	3,252,125	1,424,626	1,422,781
7	500	500	2,144	2,144	1,529,890	1,529,890	3,237,890	3,237,890	979,980	977,483
8	500	500	2,144	2,144	1,539,380	1,539,380	3,247,380	3,247,380	968,119	966,221
9	500	500	2,144	2,144	1,558,360	1,558,360	3,266,360	3,266,360	958,973	957,704

표 5.13 편익의 계측(Benefit)

존	1인당 가계편익		존 가계편익			지주편익
	고령자 세대	근로자 세대	고령자 세대	근로자 세대	합계	
1	− 0.0	− 0.0	− 0	− 0	− 0	0
2	0.0	0.0	0	0	0	− 0
3	− 0.0	− 0.0	− 0	− 0	− 0	0
4	0.0	0.0	0	0	0	− 0
5	0.0	0.0	0	0	0	− 0
6	0.0	0.0	0	0	0	− 0
7	0.0	0.0	0	0	0	− 0
8	− 0.0	− 0.0	− 0	− 0	− 0	0
9	0.0	0.0	0	0	0	− 0

5.4 시책의 영향과 효과의 계측

5.4.1 대상 시책

구축된 모형에서 표준적으로 설정할 수 있는 시책은 다음과 같다.

[표준 시책]

① 도로정비(주로 환상방향)

② 상업(공공서비스시설) 입지의 변화[교외입지 포함]

③ 시가화 구역의 변경(구역변경 포함)

그 밖에 소득 등의 변화, 토지세제 관련 등의 시책도 고려할 수 있으므로 필요에 따라 시도해볼 수도 있을 것이다. 이하의 사례는 구축된 모형에 의해 계측된 각 시책의 효과를 표시한 것이다.

5.4.2 도로정비의 영향 및 효과의 계측

(1) 조건 설정

도로정비는 교통편이성을 향상시키므로, 이에 따라 인구의 이동이나 택지개발이 이루어지며, 도시권의 가계나 지주에게 편익을 준다. 구축된 모형에서 도로정비를 나타낼 경우 식 (5.9)의 존 간 트립 비용 q_{ij}를 변화시키게 된다. 사적 트립 q_i가 변하며, 토지시장이 균형상태에 도달할 때까지 균형계산이 반복된다.

$$q_i = \sum_j P_{ij}^T q_{ij} \tag{5.9a}$$

$$P_{ij}^T = \frac{\exp[\theta^s q_{ij} + \psi E_j]}{\sum_j \exp[\theta^s q_{ij} + \psi E_j]} \tag{5.9b}$$

여기에서는 그림 5.5와 같이 대상 도시권의 교외 존 7, 8, 9를 연결하는 환상도로가 정비되면, 존 7, 8, 9의 존 간 교통비용은 1/5로 감소한다고 상정하여 효과를 계측한 사례를 보여주고 있다(표 5.14). 구체적으로 엑셀에서 Sheet[Tc]에 도로정비를 하였을 때 존 간 교통비용을 입력한다.

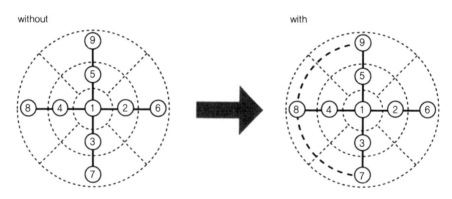

그림 5.5 도로정비구간의 상정

표 5.14 도로정비가 된 구역 간 교통비용의 설정(T_c)

출발＼도착	1	2	3	4	5	6	7	8	9
1	200	215	228	208	202	488	507	494	468
2	215	200	442	423	416	273	722	709	683
3	228	442	200	436	429	715	280	722	696
4	208	423	436	200	410	696	715	286	676
5	202	416	429	410	200	689	709	696	267
6	488	273	715	696	689	250	995	982	956
7	507	722	280	715	709	995	250	200	975
8	494	709	722	286	696	982	200	250	192
9	468	683	696	676	267	956	975	192	250

(2) 계측결과

모형의 계산결과는 다음과 같다. 존 7, 8, 9를 연계시켜 도로정비를 하면 존 7, 8, 9의 간접효과가 높아지므로, 입지선택확률도 상승한다(표 5.15). 그에 따라, 이들 존에는 인구가 유입되지만, 그 밖의 존에서는 감소한다(표 5.16). 인구가 증가하는 존은 교통비용이 감소하지만, 지대가 상승하고 토지공급량이 증가한다. 역으로 인구가 감소하는 존은 땅값이 싸지면서 토지공급량은 줄어든다(표 5.17). 그 결과 가계편익은 모든 존에서 플러스가 되지만, 지주의 편익은 존 7, 8, 9에서만 플러스가 된다(표 5.18). 총편익은 40.4억 엔이 된다(표 5.19).

표 5.15 도로정비 전후 간접효과와 입지선택확률(Model_D)

존	간접효과				입지선택확률			
	고령자 세대		근로자 세대		고령자 세대		근로자 세대	
	without (전)	with (후)	without	with	without	with	without	with
1	13.365	13.365	14.246	14.246	6.7%	6.6%	6.4%	6.3%
2	13.384	13.385	14.256	14.256	10.0%	9.9%	7.6%	7.6%
3	13.379	13.379	14.253	14.253	10.0%	9.9%	9.6%	9.5%
4	13.387	13.387	14.257	14.257	10.0%	9.9%	9.6%	9.5%
5	13.390	13.390	14.259	14.259	10.0%	9.9%	9.6%	9.5%
6	13.268	13.268	14.191	14.191	13.3%	13.3%	19.1%	19.0%
7	13.259	13.270	14.186	14.193	16.7%	16.9%	12.7%	12.9%
8	13.265	13.278	14.189	14.197	13.3%	13.5%	12.7%	12.9%
9	13.277	13.290	14.195	14.203	10.0%	10.2%	12.7%	12.9%

표 5.16 도로정비 전후 인구(Model_EQ)

존	with(후)		without(전)		증가인구	
	고령자 세대	근로자 세대	고령자 세대	근로자 세대	고령자 세대	근로자 세대
1	991	9,932	1,000	10,000	− 9	− 68
2	1,486	11,919	1,500	12,000	− 14	− 81
3	1,486	14,899	1,500	15,000	− 14	− 101
4	1,486	14,899	1,500	15,000	− 14	− 101
5	1,486	14,899	1,500	15,000	− 14	− 101
6	1,981	29,797	2,000	30,000	− 19	− 203
7	2,530	20,182	2,500	20,000	30	182
8	2,031	20,234	2,000	20,000	31	234
9	1,524	20,240	1,500	20,000	24	240

표 5.17 도로정비 전후 교통비용, 지대, 소득, 토지공급량(Benefit)

존	교통비용 : q_i		지대 : r_i		소득 : I_i				토지공급자 : y_i	
					고령자 세대		근로자 세대			
	without	with	without	with	without	with	without	with	without	with
1	401	401	3,216	3,195	1,710,200	1,710,200	3,418,200	3,418,200	340,134	340,015
2	400	400	3,216	3,197	1,743,415	1,743,415	3,451,415	3,451,415	418,785	418,439
3	400	400	3,216	3,197	1,733,925	1,733,925	3,441,925	3,441,925	513,898	513,425
4	403	403	3,216	3,197	1,748,160	1,748,160	3,456,160	3,456,160	516,115	516,680
5	402	402	3,216	3,197	1,752,905	1,752,905	3,460,905	3,460,905	516,854	516,432
6	500	500	2,144	2,134	1,544,125	1,544,125	3,252,125	3,252,125	1,424,626	1,419,834
7	500	400	2,144	2,158	1,529,890	1,529,890	3,237,890	3,237,890	979,980	980,193
8	500	386	2,144	2,162	1,539,380	1,539,380	3,247,380	3,247,380	968,119	969,649
9	500	385	2,144	2,162	1,558,360	1,558,360	3,266,360	3,266,360	958,973	961,172

표 5.18 도로정비에 따른 편익(Benefit)

존	1인당 가계편익		존 가계편익			지주편익
	고령자 세대	근로자 세대	고령자 세대	근로자 세대	합계	
1	451.4	676.6	449,289	6,743,357	7,192,646	−7,191,900
2	414.1	614.8	618,209	7,352,491	7,970,700	−7,969,044
3	409.6	609.7	611,484	9,115,268	9,726,752	−9,725,220
4	413.0	612.3	616,559	9,153,783	9,770,341	−9,768,428
5	414.1	613.2	618,251	9,166,621	9,784,871	−9,782,831
6	297.8	470.4	592,807	14,064,485	14,657,292	−14,665,667
7	16,688.6	57,423.8	41,969,590	1,153,700,802	1,195,670,393	13,683,522
8	19,494.2	66,984.2	39,288,955	1,347,522,854	1,386,811,808	17,338,671
9	20,046.0	68,448.0	30,306,832	1,377,171,838	1,407,478,671	17,538,385

표 5.19 도로정비에 따른 총편익(Benefit)

가계편익	지주편익	합계
4,049,063,473	−10,542,511	4,038,520,962

5.4.3 상업입지변화의 영향 및 효과 계측

(1) 조건 설정

최근 일본의 도시 교외에는 대형 쇼핑센터(SC) 진출이 크게 눈에 띄고 있는데, 이들 각 주체가 주민복지(후생)에 미치는 영향도 편익으로 계측할 수 있다. 구축된 모형에서 SC의 진출은 식 (5.9b)에서 서비스 규모의 변화로 설정한다. 그 결과 목적지선택확률이 변하는데, 식 (5.9a)의 사적 트립 비용이 변하며, 토지시장이 균형상태에 도달하기까지 균형계산을 반복한다.

$$q_i = \sum_j P_{ij}^T q_{ij} \tag{5.9a}$$

$$P_{ij}^T = \frac{\exp[\theta^s q_{ij} + \psi E_j]}{\sum_j \exp[\theta^s q_{ij} + \psi E_j]} \tag{5.9b}$$

단, 도시권 전체의 서비스산업의 종사자 수는 변하지 않는 것으로 하며, 기본적으로 도시 외곽에서 서비스산업 종사자 수 E_j가 증가하면, 도심부에서는 감소하는 것으로 각 존의 E_j를 설정하였다(표 5.20).

표 5.20 각 존의 서비스산업 종사자 수

	1	2	3	4	5	6	7	8	9	합계
without	9,000	8,000	7,000	6,000	5,000	4,500	4,500	4,500	4,500	53,000
with	1,000	2,000	5,000	6,000	5,000	8,000	8,000	9,000	9,000	53,000

(2) 계측결과

모형의 계측결과는 다음과 같다. 표 5.20에 의해 간접효용은 도심부에서 약간 감소하고 존 4, 5에서 약간 증가하는 정도이며, 입지선택확률도 다소 변화한다(표 5.21). 이에 따라 이들 존에서 인구가 증감하게 된다(표 5.22). 상업이 교외로 이전된 도심부는 교통비용이 상승하고 존 4, 5에서는 감소한다. 그러나 지대는 도심부에서 내려가고 존 4, 5에서 상승하여 존 4, 5의 토지 공급량이 증가한다(표 5.23). 그 결과 가계의 편익은 도심부를 제외한 모든 지역에서 플러스(+)가 되며, 지주의 편익은 존 4, 5에서 플러스(+)가 된다(표 5.24). 총편익은 3천만 엔 정도이다(표 5.25).

표 5.21 상업입지 변화 유무의 간접효과와 입지선택확률(Model_D)

존	간접효과				입지선택확률			
	고령자 세대		근로자 세대		고령자 세대		근로자 세대	
	without	with	without	with	without	with	without	with
1	13.365 0	13.364 7	14.246 4	14.246 2	6.67%	6.66%	6.37%	6.37%
2	13.384 3	13.384 3	14.256 0	14.256 0	10.00%	10.00%	7.64%	7.64%
3	13.378 9	13.378 9	14.253 3	14.253 3	10.00%	10.00%	9.55%	9.55%
4	13.386 8	13.387 0	14.257 2	14.257 4	10.00%	10.01%	9.55%	9.56%
5	13.389 6	13.389 7	14.258 6	14.258 7	10.00%	10.00%	9.55%	9.56%
6	13.268 0	13.268 1	14.190 6	14.190 6	13.33%	13.33%	19.11%	19.11%
7	13.258 8	13.258 8	14.186 3	14.186 3	16.67%	16.67%	12.74%	12.74%
8	13.265 0	13.265 0	14.189 1	14.189 1	13.33%	13.33%	12.74%	12.74%
9	13.277 2	13.277 2	14.194 9	14.194 9	10.00%	10.00%	12.74%	12.74%

표 5.22 상업입지 변화 유무와 존 인구(Model_EQ)

존	with		without		증가인구	
	고령자 세대	근로자 세대	고령자 세대	근로자 세대	고령자 세대	근로자 세대
1	991	9,995	1,000	10,000	-1	-5
2	1,500	12,000	1,500	12,000	-0	-0
3	1,500	14,999	1,500	15,000	-0	-1
4	1,501	15,006	1,500	15,000	1	6
5	1,500	15,003	1,500	15,000	0	3
6	2,000	29,999	2,000	30,000	-0	-1
7	2,500	19,999	2,500	20,000	-0	-1
8	2,000	19,999	2,000	20,000	-0	-1
9	1,500	20,000	1,500	20,000	-0	-0

표 5.23 상업입지 변화 유무와 교통비용, 지대, 소득, 토지공급량(Benefit)

존	교통비용 : q_i		지대 : r_i		소득 : I_i				토지공급자 : y_i	
					고령자 세대		근로자 세대			
	without	with	without	with	without	with	without	with	without	with
1	401	404	3,216	3,214	1,710,200	1,710,200	3,418,200	3,418,200	340,134	340,125
2	400	400	3,216	3,216	1,743,415	1,743,415	3,451,415	3,451,415	418,785	418,878
3	400	400	3,216	3,216	1,733,925	1,733,925	3,441,925	3,441,925	513,898	513,958
4	403	400	3,216	3,217	1,748,160	1,748,160	3,456,160	3,456,160	516,115	516,250
5	402	401	3,216	3,217	1,752,905	1,752,905	3,460,905	3,460,905	516,854	516,989
6	500	500	2,144	2,144	1,544,125	1,544,125	3,252,125	3,252,125	1,424,626	1,422,767
7	500	500	2,144	2,144	1,529,890	1,529,890	3,237,890	3,237,890	979,980	977,469
8	500	500	2,144	2,144	1,539,380	1,539,380	3,247,380	3,247,380	966,119	966,207
9	500	500	2,144	2,144	1,558,360	1,558,360	3,266,360	3,266,360	958,973	957,698

5.4.4 시가화 구역 변경의 영향 및 효과 계측

(1) 조건 설정

일본은 인구감소사회에 진입하였으므로 지금까지 확대 지향적이던 시가지를 얼마나 축소시켜야 하는가가 과제로 대두되고 있다. 그러므로 이번에는 시가화 구역을 변경하여 시가지를 축소시키는 방안을 검토한다.

구축된 모형에서 시가화 지역의 변경은 식 (5.13)에서 이용가능면적(외생변수: $\overline{Y_i}$)의 변경으로 나타낸다. 그 결과 토지공급량이 달라지므로 토지시장이 균형상태에 도달할 때까지 균형계산을 반복해야 한다.

표 5.24 상업입지 변화에 따른 편익(Benefit)

존	1인당 가계편익		존 가계편익			지주편익
	고령자 세대	근로자 세대	고령자 세대	근로자 세대	합계	
1	−489.0	−1,618.0	−488,836	−16,176,538	−16,665,374	−512,213
2	45.7	143.7	68,602	1,723,925	1,792,527	−13,826
3	7.1	18.1	10,707	271,613	282,320	−64,451
4	505.4	1,637.9	758,299	24,573,203	25,331,501	551,432
5	307.7	993.9	461,663	14,909,627	15,371,290	306,361
6	19.1	61.8	38,195	1,854,827	1,893,022	−69,793
7	4.1	10.2	10,242	202,698	213,940	−70,299
8	2.4	4.2	4,739	83,811	88,550	−71,488
9	30.6	101.1	45,963	2,021,478	2,067,441	−31,234

표 5.25 상업입지 변화에 따른 총편익(Benefit)

가계편익	지주편익	합계
30,375,217	24,489	30,399,706

$$y_i = \left(1 - \frac{\sigma_i}{r_i}\right)\overline{Y_i} \qquad (5.13)$$

이번에는 대상 도시권의 교외 존 7, 8, 9의 시가화 구역을 축소하여 당해 존의 이용가능면적 $\overline{Y_i}$을 50% 감소시켰다.

(2) 계측결과

모형의 계측결과는 다음과 같다. 존 7, 8, 9의 이용가능면적을 축소시킬 경우 존 7, 8, 9의 지대가 대폭 상승하여 간접효용이 낮아지고, 입지선택확률도 낮아진다(표 5.26). 이에 따라 해당 존의 인구가 감소하며 나머지 존에서는 증가한다. 단, 고령자는 소득에서 차지하는 주택비의 비율이 근로자에 비해 크기 때문에 고령자는 도심부로 이동하고, 근로자는 교외로 이동하여 다소 인구 유출이 일어난다(표 5.27). 이용가능면적이 줄었으므로 토지공급량이 감소하여 지대가 상승한다(표 5.28). 그 결과 가계의 편익은 모든 존에서 마이너스(−)가 되며, 지대 상승으로 지주의 편익은 모두 플러스로 변한다. 특히 토지공급 가능면적이 감소된 존 7, 8, 9에서 상승 폭이 더 커진다. 총편익은 1.87억 엔이다(표 5.30).

표 5.26 시가지 구역 변경 유무의 간접효용과 입지선택확률(Model_D)

존	간접효과				입지선택확률			
	고령자 세대		근로자 세대		고령자 세대		근로자 세대	
	without	with	without	with	without	with	without	with
1	13.365	13.365	14.246	14.246	6.7%	6.8%	6.4%	6.4%
2	13.384	13.384	14.256	14.256	10.0%	10.2%	7.6%	7.6%
3	13.379	13.379	14.253	14.253	10.0%	10.2%	9.6%	9.6%
4	13.387	13.387	14.257	14.257	10.0%	10.2%	9.6%	9.6%
5	13.390	13.390	14.259	14.259	10.0%	10.2%	9.6%	9.6%
6	13.268	13.268	14.191	14.191	13.3%	13.6%	19.1%	19.1%
7	13.259	13.238	14.186	14.186	16.7%	16.2%	12.7%	12.7%
8	13.265	13.244	14.189	14.189	13.3%	13.0%	12.7%	12.7%
9	13.277	13.256	14.195	14.195	10.0%	9.7%	12.7%	12.7%

표 5.27 시가지 구역 변경 전후 zone의 인구(Model_EQ)

존	with		without		증가인구	
	고령자 세대	근로자 세대	고령자 세대	근로자 세대	고령자 세대	근로자 세대
1	1,017	9,999	1,000	10,000	17	−1
2	1,525	11,999	1,500	12,000	25	−1
3	1,525	14,998	1,500	15,000	25	−2
4	1,525	14,998	1,500	15,000	25	−2
5	1,525	14,998	1,500	15,000	25	−2
6	2,034	29,996	2,000	30,000	34	−4
7	2,437	20,004	2,500	20,000	−63	4
8	1,949	20,004	2,000	20,000	−51	4
9	1,462	20,004	1,500	20,000	−38	4

표 5.28 시가화 구역 변경 전후의 교통비용, 지대, 소득, 토지공급량(Benefit)

존	교통비용 : q_i		지대 : r_i		소득 : I_i				토지공급자 : y_i	
					고령자 세대		근로자 세대			
	without	with	without	with	without	with	without	with	without	with
1	401	401	3,216	3,219	1,710,200	1,710,200	3,418,200	3,418,200	340,134	340,149
2	400	400	3,216	3,219	1,743,415	1,743,415	3,451,415	3,451,415	418,785	418,954
3	400	400	3,216	3,219	1,733,925	1,733,925	3,441,925	3,441,925	513,898	514,035
4	403	403	3,216	3,219	1,748,160	1,748,160	3,456,160	3,456,160	516,115	516,293
5	402	402	3,216	3,219	1,752,905	1,752,905	3,460,905	3,460,905	516,854	517,046
6	500	500	2,144	2,145	1,544,125	1,544,125	3,252,125	3,252,125	1,424,626	1,423,025
7	500	500	2,144	3,640	1,529,890	1,529,890	3,237,890	3,237,890	979,980	574,820
8	500	500	2,144	3,641	1,539,380	1,539,380	3,247,380	3,247,380	968,119	568,232
9	500	500	2,144	3,642	1,558,360	1,558,360	3,266,360	3,266,360	958,973	563,259

표 5.29 시가화 구역 변경 편익(Benefit)

존	1인당 가계편익		구역가계편익			지주편익
	고령자 세대	근로자 세대	고령자 세대	근로자 세대	합계	
1	−61.3	−91.8	−61,779	−918,315	−980,094	980,109
2	−71.0	−105.4	−107,414	−1,265,169	−1,372,584	1,372,452
3	−56.0	−83.4	−84,714	−1,250,615	−1,335,329	1,335,262
4	−56.7	−84.1	−85,773	−1,261,125	−1,346,898	1,346,778
5	−56.9	−84.3	−86,126	−1,264,627	−1,350,754	1,350,617
6	−24.7	−39.0	−49,768	−1,169,270	−1,219,038	1,219,836
7	−32,047.6	−51,004.0	−79,107,469	−1,020,176,391	−1,099,283,860	1,162,830,923
8	−32,263.5	−51,180.6	−63,711,546	−1,023,709,642	−1,087,421,188	1,149,824,533
9	−32,679.0	−51,507.8	−48,398,562	−1,030,254,271	−1,078,652,833	1,140,063,927

표 5.30 시가화 구역 변경에 따른 총편익(Benefit)

가계편익	지주편익	합계
−3,272,962,578	3,460,324,437	187,361,859

5.5 CUE 모형의 실무 적용상 유의점

CUE 모형은 가계나 기업의 경제활동에 입지선택까지 포함시켜 모형화하였으므로, 교통정비나 도시정책의 편익에 대한 공간분포까지 파악할 수 있다는 이점이 있다. 현재 교통분석의 실무에 널리 쓰이는 교통수요예측 모형을 포함하고 있기 때문에 실무에 적용하기도 비교적 쉬울 것으로 기대된다.

그러나 실무에 적용하려면 유의해야 할 점이 있다. 먼저 본 장에서 서술한 바와 같이 CUE 모형은 엄밀한 의미에서 왈라스 법칙이 성립되지 않기 때문에, 교통시장과 토지시장 이외의 시장을 통한 파급효과나 영향을 추출해낼 수 없다는 점이다. 결국 CUE 모형은 종래의 부분균형분석을 다시장 동시균형모형으로 확장하여, 경제 주체의 입지변경을 고려한 편익의 공간분포를 포착하고자 한 것이므로, CUE 모형에 의해 계측된 편익의 총액과 부분균형으로 계측한 편익의 총액은 대략 일치한다. 그러므로 적어도 CUE 모형의 편익이 대폭 커지는 일은 없어야 한다. 이것이 CUE 모형에 의해 계측된 편익의 타당성을 체크하는 한 가지 방법이다.

다시 말하면, 실제 주체의 입지변경은 혼잡을 유발할 가능성이 내포되며 CUE 모형에서 계측된 편익의 총액은 부분균형에서 계측된 편익의 총액보다 적을 수도 있다(상세히는 [山岐, 上田, 武藤 2008], [山岐, 武藤 2008] 참조). 이것은 교통균형분배에 있어서 이용자 균형상태가 혼잡을 유발하여 잉여손실이 유발되는 것과 같은 원리로 생각해도 좋다. 그러므로 계측된 편익이 적어진다는 이유로 CUE 모형에 의한 분석을 피할 것이 아니라, 이러한 현상을 적절히 활용하는 것이 보다 나은 교통정비나 도시정책을 입안하는 데 중요한 역할을 할 것이라 생각한다.

제6장

경제균형모형의 향후 전개 방향

6.1 이 책의 연구 범위에 대한 재확인

이 책에서 해설한 모형의 기본이론은 경제학 중에서 주류경제학으로 자리를 잡고 있으므로, 다양한 경제현상을 설명하는 데 가장 기초가 되는 이론이라 하겠다. 그러나 이와 같은 전통적인 이론에 근거를 둔 모형을 PC로 비교적 용이하게 활용할 수 있게된 것은 최근의 일이다. PC의 계산기 성능이 비약적으로 향상된 것이 그 어떤 것보다 큰 역할인 것은 의심의 여지가 없겠으나, 단지 그것만이 이유는 아니다. 보다 실질적인 이유는 그와 같은 계산기 환경의 변화를 즉시 포착하여 경제 데이터셋을 정비하고, 계산 알고리즘을 개발하고, 나아가 적극적이고 과감하게 실제 정책효과분석에 거듭 적용해보았기 때문이다.

산업연관분석은 경제학 중에서 가장 역사가 깊은 계량분석이므로, 지금까지 많은 정책효과분석에 이용되어왔다. 오늘날도 마찬가지로 국민들의 관심이 집중되는 정책의 효과분석에 적용되며, 그 결과가 회자되는 예도 드물지 않다. 그러나 이와 같은 경우, 결과의 의미가 반드시 바르게 이해된 것이라고 생각할 수는 없다. 화제가 된 경제효과의 총액이 이 책에서 해설한 바와 같이 비용편익분석 이론체계에 부합하는 편익이라 할지라도 이론적으로 볼 때 완전히 의미가 달라지는 경우도 많기 때문이다. 산업연관분석은 ① 경제 전체의 구조를 정량적으로 빨리 파악하는 역할, ② 어떤 시나리오든 선형 시스템으로 생산과 소득 분배에 대한 변화액의 개략적 크기를 파악하는 역할을 한다. 이러한 역할의 의의는 혹 다른 정책효과분석기법이 등장한다 할지라도 손상되는 것이 아니다. 이것은 이 책에서 해설한 CGE 모형으로 정책효과분석에 앞서 우선 산업연관분석을 해야 한다는 의미이기도 하다. 이 작업은 CGE 모형분석을 진행할 때 중요한 기초 데이터를 음미함으로써 산업 부문에 대한 영향의 크기를 예상해보는 소위, '가늠해보다'에 해당된다.

산업연관분석은 그 의의가 지금까지 손상된 적이 없으므로, 배경이 되는 이론의 특징을 바르게 이해한 다음 활용해야 한다. 특히 일본은 세계에서 유례없을 정도로 장기에 걸쳐 그리고 국가, 지방자치단체별 또는 대도시 단위의 산업연관표를 생성하여 축적해놓은 실적이 있다. 앞서 선배들이 쌓아놓은 성과를 활용하기 위해서도 이 책의 산업연관분석에 대한 해설을 면밀히 정독하여 이해할 것을 독자들께 다시 한 번 간곡히 부탁드리는 바이다.

일본에는 일반균형분석을 공공사업 분야의 정책효과분석에 본격적으로 도입하여 이론과 적용(계량)의 양면으로 발달시킨 큰 흐름이 있다. 그 효시가 된 것은 [森杉, 大島 1985], [森杉, 林山, 小島 1986]이라 해도 좋을 것이다. 당시 일본에서 CGE 분석은 일부 연구자 사이에서만 알려져 있는 상황이었으며,

공공사업 분야에 적용하는 사람을 찾아보기 어려웠다. 그러던 중 森杉 등이 적극적으로 과업에 도전한 것이 실마리가 되어 오늘날 공공사업 분야에 적용된 사례는 필자들이 모두 파악할 수 없을 정도로 엄청난 수에 이르게 되었다.

이미 설명한 바와 같이 일본에는 국가에서부터 대도시에 이르기까지 다양한 차원의 산업연관표가 작성되어 있으며, 또 다른 경제 데이터나 교통 데이터 등 그 외의 것에 대해서도 각종 조사를 기초로 하여 정비되어 있다. 그러한 성과 덕분에 공공사업 분야의 CGE 모형이 발전된 것이라고 확신한다. 동시에 다른 나라와 비교해 볼 때, 일본은 여전히 많은 공공사업이 계획되고 있으며, 실시단계에서 정량적인 효과분석에 대한 요구(needs)가 왕성한 것도 발전에 박차를 가한 요인이라 하겠다.

CGE 모형의 생명선은 말할 필요도 없이 균형 개념이나, 잘못된 이해로 많은 비판을 받기도 하였다. 균형 개념의 의의는 이 책의 첫머리에 비판에 대한 회답으로 설명해두었다. 이 책에서 설명한 CGE 모형을 실제 정책효과분석에 적용하고자 하는 독자는 그 의의를 항상 염두에 두는 것이 좋을 것이다.

이 책에서 해설한 CUE 모형은 토지이용교통(상호작용) 모형의 전통을 도시경제학의 균형이론 위에 재구축한 것으로, 정책효과의 공간적인 파급과 귀착을 파악하기 위한 분석기법이다. 이론의 발전 경위와 일반적 구조는 [Ueda et al 2009]에 해설되어 있으며, 여기서는 이 책에서 제시한 모형의 각 부분에 대해 교체할 수 있는 함수로 보여주고자 하였다. 각 부분을 다른 변수로 바꾸더라도 균형모형으로 이론적인 정합성이 담보되게 하였다. 독자들은 스스로 변수교체를 경험한 다음, 이 책에 제시된 계산 예를 시도해봄으로써 함수교체가 결과에 얼마나 다른 영향을 초래하는지 확인해보기 바란다.

6.2 고도 분석자를 위한 지침

이 책에 제시된 계산 사례를 따라 스스로 진지하게 몰두하여 정책효과분석을 경험한 독자는 보다 빨리 전문가의 한 사람(적어도 초보자는 아닌)으로서 자각을 갖게 된다고 필자들은 확신한다. 계산 사례로 소개된 내용은 산업연관분석이나 CGE 모형에 수치를 바꾸면 실제 정책효과분석에 바로 이용할 수 있다. CUE 모형에서 존 설정이나 교통 네트워크 상정은 의도적으로 간략한 계산 사례를 표시하였지만, 실제 지방도시권 레벨의 도시교통조사(Person Trip 조사 등)에 설정하여 대응하기 쉽게 하였다. 시판되고 있는 교통수요예측 시스템(이용자 균등분배까지 가능함)과 함께 활용하면 이 책에서 제시한 모형을 실무에 바로 활용할 수 있을 것이다.

그럼에도 불구하고 정책효과분석에 도입할 정책 시나리오는 보다 다양화·복잡화되고 있으므로, 그러한 현실에 대응하려면 이 책에서 제시한 레벨보다 한층 고도의 분석기법을 도입하지 않으면 안 된다. 이를 위하여 학술지에 계속 발표되는 새로운 분석기법을 따라잡아야 하며 특히 이 책에서 소개된 경제주체의 행동모형은 대상 정책의 특징에 따라 다시 고쳐나가야 할 것이다.

이 책의 인용·참고문헌에는 독자가 특히 고도 분석을 할 때 정보를 얻을 수 있도록 최대한 배려하여, 소위 접속점(access point)이 될 만한 문헌 리스트를 수록하였다. 고도 분석에 부디 잘 활용하기 바라는 마음이다.

SCGE 모형은 이미 범용형 공간경제모형으로 다양한 정책 시나리오에 적용된 실적을 가진 RAEM－light가 개발되어 있다[小池, 佐藤, 川本 2008]. 이책 해설 이외의 정책 시나리오를 커버하고 있다는 점에서 보다 실전적인 분석도구라 하겠다. 또 CUE 모형은 대도시권에서 다양한 정책 시나리오의 효과분석에 대한 실적이 있는 VMcue가 있다[Yamasaki, K., T. Ueda, and S. Muto 2007]. 교통 부문에서 이용자 균형분배모형을 부분모형으로 포함시켜 통합 모형으로 구성해놓았으며, 환경부하의 변화에 이르기까지 다양한 지표가 포함되어 다면적인 효과분석을 할 수 있다.

6.3 새로운 경제균형모형의 가능성

이 책에서 해설한 경제균형모형은 경제학 분야에서 다듬어진 이론을 정책효과분석의 최전선에서 사용할 수 있는 강력한 무기로 편성해놓은 것이므로, 특히 실전에 대비하여 배치된 무기로 확실히 위력을 발휘할 수 있을 것으로 필자들은 자부심을 갖는다. 그러나 정책분석에는 끊임없는 난적(무찔러야 하는 괴물), 소위 우리들이 지금까지 분석을 해온 것과 전혀 다른 과제가 등장한다. 우리가 준비한 무기로는 대적하기 어려운 적이 시시때때로 기다리고 있다는 점을 잊어서는 안 된다. 겁먹지 말고 그러한 문제를 피하려 해서는 안 된다. 마지막으로 이 책에서 해설한 경제균형모형에 머물지 말고, 특히 새로운 분석기법을 확립한 다음, 앞으로 나아갈 방향에 대해 몇 가지 언급하고 싶다.

산업연관표의 데이터 축적과 응용에 대해 일본은 세계에서도 가장 큰 실적을 축적한 국가 중의 하나인 것은 이미 서술하였다. 이러한 실적은 학술적인 자산일 뿐만 아니라 일본의 정책입안 및 평가 실무에서, 세계의 다른 나라에 앞서 구축한 장기적이며 광역적인 종합효과분석을 전개할 수 있다는 의미를 지닌다. 따라서 이 방향에서 새로운 모형을 탐색하는 것은 이미 축적된 산업연관표를 큰 이점(advantage)으로 최대한 활용하며, 데이터의 공간적 방향과 시간적 방향에 대한 보완기법, 집계·분할에 수반되는 데이터의 신뢰성을 높이는 평가방법을 요청하는 것이다. 이들 기법은 각기 필요한 곳에서 실험한 것으로 지금까지 개별적, 산발적 실험영역에서 벗어나지 못하고 있으므로 공간통계학 또는 정보이론적인 기반 위에 이론체계를 구축해야 한다. 이와 관련된 학술적·실무적 발전동향은 [石川 2004], [石川 2005]에 의한 조사와 해설이 많은 참고가 될 것이다.

이 책에서 해설한 범주에서 CGE와 CUE는 동시에 한 시점의 정학 또는 일정기간 마다 반복하는 준동학 모형을 활용하였다. 모형에 등장하는 경제 주체의 행동은 기본적으로 한 시점에서 효용최대화나 이윤최대화를 표현하고 있다. 동적 최적화에 의한 행동모형을 도입하여 시장에서도 시간조정과정을 표현하는 동학모형은 거시경제학의 많은 성과와 어우러져 이미 여러 가지 실험단계에 있다. 예를 들면 [岡田 2009]나 [橋本 2009] 등은 거시동학의 최근 동향을 잘 해설하고 있다. 그러나 동학화는 모형에서 변수의 차원을 현격히 증대시키므로 일반적인 계산 프로세스도 대단히 복잡하게 만든다. 그 때문에 계산에 소요되는 시간이 실제 정책분석에 허용되는 범위를 넘어버릴 가능성이 크며, 결과적으로 개개 동학모형 구조의 특성에 따라 효율적인 해법을 개발할 필요성이 대두된다. 계산기 기술이 향상되어 이와 같은 동학모형의 계산이 용이해질 것을 기대해마지 않으나, 그것만 바라고 있을 수는 없는 일이다. 한 가지 대안은 동적 최적화에 의해 표현된 행동모형은 가능한 재화나 자원을 집계화하며, 분석상 주목해야 할 시점에서는 다수의 재화·부문에 수요·공급을 분해하여 시장균형을 구하는 방법이다. 이를 위해 가격과 수요공급의 부문 간 집계에 대하여 타당성 있는 정식화가 필요하다.

정책효과의 분석은 개인의 가치관이나 선호가 다양하므로 실무에서도 명시적으로 다룰 필요가 있다. 한편 계량경제학의 중심이 전통적인 거시분석(macroeconometric)에서 개인이나 개별기업의 행동을 추정하는 미시분석(microeconometric)으로 이동하는 것을 볼 수 있다. 상세한 조사에 의해 취득한 데이터, 특히 패널 데이터(panel data)나 CVM 조사에 의한 데이터가 축적되어 있으므로, 개인이나 기업의 세부적인 이질성을 반영한 행동모형도 추정할 수 있게 되었다. 또 도시공간의 경제활동을 다루는 소위 도시모형도 마이크로 시뮬레이션(micro simulation) 기법으로 시간단위나 공간단위를 아주 작게 나눈, 소위 시공간의 해상도(resolution)를 높이는 분석이 다수 실험되고 있다. 어찌 되든 경제 시스템의 균형 또는 상호작용의 결과가 미시적 피드백 메커니즘(feedback mechanism)과 병행하여 사용하는 것은 아니다. 그 때문에 이 책에서 제시한 바와 같이 경제 시스템 전체에 걸쳐 상태를 기술한 기법과 비교하여 논할 수 없다. 만약 그와 같이 미시적으로 세분화된 경제 주체를 경제균형모형에 도입한다면, 앞에서 서술한 바와 같이 동학을 수반하는 계산은 너무 복잡해지고 말 것이다. 이제부터 고려해야 할 방향은 정책효과분석의 목적과 필요한 출력단위에 따라 마이크로화하여 얻을 수 있는 상세한 정보를 가공하여 집계량(복수의 차수에서 모멘트나 충분한 통계량 등)을 다루는 것이며, 이것을 이 책에서 해설한 바와 같은 경제균형모형에 반영시키는 것이다. 거시경제학을 통계학적인 기법으로 재구축하고자 하는 [Aoki and Yoshokawa 2007] 연구방향은 이미 미시의 다양한 분포로부터 거시차원의 특징을 반영시켜 모형화하는 기법이다. 그것이 하나의 발판이 될지도 모르겠다.

Abraham, J.E. : A review of the MEPLAN modeling framework from a perspective of urban economics, University of Calgary, Department of Civil Engineering Research Report (Dec. 1988)

Anas, A. : Residensial Location Markets and Urban Transportation, Acdemic Press (1982)

Anas, A. : Modeling in Urban and Reginal Economics, Fundamentals of Pure and Applied Economics 26, harwood acdemic publishers (1987)

Anas, A. and Associates : The Nymts-land Use Model Final Report (2002)

Aoki, M. and H. Yoshikawa : Reconstructing Macroeconomics, Cambridge University Press (2007)

Bröcker, J. : Operational spatial computable genetal equilibrium models, Annals of Regional Science, **32**, pp.367~387 (1998)

DETR, UK : Review of Land-Use/Transport Interaction Models Report to The Standing Advisory Committee on Trunk Road Assessment (1999)

DETR, UK : Guidance on the Methodology for the Multi-Modal Studies (2000)

Echenique, M.H. : Urban and regional studies at the Martin Center : its origins, its present, its future, Environment and Planning B, Planning and Design, **21**, pp.517~533 (1994)

Ginsburg, V. and M. Keyzer : The Structure of Applied General Equilibrium Models, MIT Press (1997)

Hayashi, Y. and K. Doi : A Model for Analysing the Imputation of Commuters' Benefits to Land Property Values, Selected Proceedings of the 5th World

Conference on Transport Research, pp.303~317 (1989)

Hayashi, Y. and Y. Tomita : A micro-analytic residental mobility model for assessing the effects of transport improvement, Selected Proceedings of the 5th World Conference on Transport Research, pp.91~105 (1989)

Hunt, J.D. and D.C. Simmonds : Theory and application of an integrated land-use and transport modeling framework, Environment and Planning B, Planning and Design, 20, pp.221~244 (1993)

IDE : Multi-Regional Input-Output Model for China 2000 (2003)

Miller, R.E. : Interregional Feedback Effects in Input-Output Models : Some Preliminary Results, Papers in Regional Science, 17, pp.105~125 (1966)

Miyamoto, K., and K. Kitazume : A land use model based on random utility / rentbidding analysis (Rurban), Selected Proceedings of the 5th World Conference on Transport Research, 4, pp.107~121 (1990)

Miyamoto, K., T. Noami, Y. Kuwata, and K. Yokozawa : An evaluation method of transport projects with the aid of RURBAN Model, Selected Proceedings of the 6th World Conference on Transport Research, 1, pp.55~66 (1993)

Miyamoto, K., V. Vichiensan, N. Sugiki, and K. Kitazume : Applications of RURBAN Integrated with a Transport Model in Detailed Zone System, Proceedings of the 11th World Conference on Transport Research, CD-ROM (2007)

Miyata, Y : A General Equilibrium Analysis of the Waste-Economic System-ACGE Modeling Approach, 土木計劃學研究・論文集, 12, pp.259~270 (1995)

Modelistica : Mathematical and algorithmic structure of TRANUS, Complete mathematical description of the TRANUS model, Modelistica (2005)

Morisugi, H. and E. Ohno : A benefit incidence matrix for urban transport improvement, Papers in Regional Science, the Journal of the RSAI, 71-1, pp.53～70 (1992)

Morisugi, H., E. Ohno and T. Miyagi : Benefit Incidence of Urban Ring Road-Theory and Case Study of the Gifu Ring Road, Transportation, **20**, pp.285～303 (1993)

Mun, S.I. : Transport network and system of cities, Journal of Urban Economic, pp.205～221 (1997)

Muto, S., A. Takagi and Ueda : The Benefit Evaluation of Transport Network Improvement with Computable Urban Economic Model, Selected Proceedings of the 9th World Conference on Transport Research, Elsevier Science, CD-ROM, No.6218 (2003)

Muto, S., T. Ueda, K. Yamaguchi and K. Yamasaki : Evaluation of Environmental Pollutions Occurred by Transport Infrastructure Project at Tokyo Mtropolitan Area, Selected Proceedings of the 10th World Conference on Transport Research, CD-ROM, No.1152 (2004)

ODOT : Oregon Department of Transportation, http://www.odot.state.or.us/tddtpau/modeling. html (2002)

Putman, S.H. : A utilization assessment of the TELUS Land Use Model for middlesize Metroplitan Planning Organizations (MPO), S.H. Putman Associates (2001)

Shoven, J.B. and J. Whalley : Applied General Equilibrium, Cambridge University Press (1992) (ジョン・B・ショウヴン, ジンン・ウォーリ著, 小平裕譯 : 應用一般均衡分析 : 理論と實際, 東洋經濟新報社 (1993))

Takagi, A. and T. Ueda : Evaluation of Flood Mitigation Countermeasures Considering the Interdependence Between Flood Risk and Land Use, First Annual IIASA-DPRI Meeting (2001)

Takagi, A., S. Muto and T. Ueda : The Benefit Evaluation of Urban Transportation Improvement with Computable Urban Economic Model, '99 Shanghai International

Symposium on Urban Transportation Proceedings, pp.87~99 (1999)

Tokunaga, S., B.P. Resosudarmo, L.E. Wuryanto and N.T. Dung : An Interregional CGE Model to Assess the Impacts of Tariff Reduction and Fiscal Decentralization on Regional Economy : The Case of Indonesia, Studies in Regional Science. **33**, pp.1~25 (2003)

Ueda, T. et al : Spatial Benefit Incidence Analysis of Airport Capacity Expansion, Global Competition in Transportation Markets, Kanafani, A. and Kuroda, eds., Elsevier, pp.165~196 (2005)

Ueda, T., K. Hiratani and M. Tsutsumi : Landuse model based on the general equilibrium of land and building markets, Proceeding of Internation Conference on Land Problem and Urban Policy, Kyoto, pp.183~198 (1993)

Ueda, T., M. Tsutsumi and H. Nakamura : An Urban Transport and Activity Location Model for the Evaluation of Commuting Rail Improvement, presented at the 7th World Conference of Transportation Research, Sydney, Australia, pp.16~21 (Jul. 1995)

(Available : http://surveyor.sk.tsukuba.ac.jp/paper/7th_wctr.pdf) (2009年 10月現在)

Ueda, T., M. Tsutsumi, S. Muto and K. Yamasaki : Computable Urban Exonomic Models in Japan, presented at TRB 2009, Washington (2009)

US Department of Transportation : Land Use Compendium, DOT-T-99-03 (1999)

Varian, H. : Microeconomic Analysis, Norton (1992)

Waddell, P. : An urban simulation model for integrated policy analysis and planning : residential location and housing market components of UrbanSim, paper presented at the 8th World Conference on Transport Research, Antwerpen (1998)

Waddell. P. : UrbanSim Modeling urban development for land use, transportation and environmental planning, Journal of the American Planning Association, **68**, pp.297~314 (2002)

Webster, F. V., P. H. Bly and N. J. Paulley, : Urban Land-use and Transport Interaction, Policies and Models, Avebury (Gower Publishing Company Ltd.) (1988)

Wegener, M. : Overview of Land-Use Transport Models, Proceedings of CUPUM '03 Sendai (Conference Brochure of CUPUM '03 Sendai, pp.20~40), The 8th International Conference on Computers in Urban Planning and Urban Management (2003)

Yamasaki, K., T. Ueda and S. Muto : The Evaluation of the Tokyo-Metropolitan Area Policy by Computable Urban Exonomic Model (CUE), Selected Proceedings of the 11th World Conference on Transport Research, University of California, Berkeley, CD-ROM, No.734 (2007)

Yamasaki, K., T. Ueda and S. Muto : Impacts of Transport Infrastructure Policies in Population-Declining Mtropolitan Area －Business Productivity and Quality of Urban Life in Tokyo－, 11th Uddevalla Symposium 2008, Kyoto, Japan (2008)

Yoon, J.J., Y. Aoyama, D. Nakagawa and R. Matsunaka : A Prectical Land Use-Transport Interaction Model Considering Changes in Population and Industrial Activities, Proceedings of International Symposium on City Planning 2000 Kobe, Japan, pp.381~390 (2000)

Yoon, J.J., Y. Aoyama, D. Nakagawa and R. Matsunaka : An Evaluation of Urban and Transport Policy Using a Land-Use/Transport Interaction Model, Selected Proceedings of the 9th World Conference on Transport Research, CD-ROM, No.6114 (2003)

青山吉隆：土地利用モデルの歴史と概念，土木学会論文集，No.347/IV-1，pp.19-28 (1984)

赤松隆，半田正樹，長江剛志：変分不等式アプローチによる多地域一般均衡モデル，土木計画学研究・論文集，15，pp.175-186（1998）

朝日幸代：平成7年名古屋市産業連関表の作成の試み，産業連関イノベーション＆I

-O テクニーク, **12**-1, pp.16-24 (2004)

安藤朝夫, 溝上章志：土木計画学における均衡概念と応用一般均衡 (AGE) 分析, 土木計画学研究・論文集, **11**, pp.29-40 (1993)

尹鍾進, 青山吉隆, 中川大, 松中亮治：立地変動を考慮した実用的な土地利用・交通モデルの構築, 土木計画学研究・論文集, **17**, pp.247-256 (2000)

石川良文：中部国際空港および関連プロジェクトの経済波及効果, 産業連関イノベーション&テクニーク, **8**-2, pp.64-70 (1998)

石川良文：産業連関分析における空間相互依存関係に関する研究, 博士論文 (2000)

石川良文：都市圏産業連関表の作成と都市圏応用一般均衡モデルの開発, 平成14年度～平成15年度科学研究費補助金 (基盤(C)(1)) 研究成果報告書 (2004)

石川良文：地域・都市レベルでの適用に必要な条件—データ整備と分析技能—, 運輸政策研究, 30, pp.76-77 (2005)

石川良文：地域産業連関分析における地域間交易推計のための Nonsurvey 手法の評価, 南山経済研究, **19**-3, pp.369-382 (2005)

石川良文：地域環境 SAM の構築と課題, 南山経済研究, **20**-3, pp.251-262 (2005)

石川良文, 宮城俊彦：全国都道府県間産業連関表による地域間産業連関構造の分析, 地域学研究, **34**-1, pp.139-152 (2004)

石川良文, Nontachai TITHIPONGTRAKUL：都道府県レベルにおける環境経済統合勘定の構築, 南山経済研究, **23**-3, pp.295-314 (2009)

石倉智樹, 土谷和之：羽田空港の容量拡大による航空輸送の生産性への寄与とその経済効果, 土木学会論文集 D, **63**-1, pp.36-44 (2007)

石黒一彦, 稲村肇：長距離基幹航路における国際海上コンテナ貨物需要予測 SCGE モデルの検討, 土木計画学研究・講演集, **22**-2, pp.745-748 (1999)

市岡修：応用一般均衡分析, 有斐閣 (1991)

市村真一, 王彗炯：中国経済の地域間産業連関分析, 創文社 (2004)

井原健雄, 石川良文, 藤原利久：東アジアにおける産業構造の変化とロジスティックスの研究, ICSEAD Working Paper Series, 2008-12, 国際東アジア研究センター (2008)

茨木俊秀, 福島雅夫：最適化の手法, 共立出版 (1993)

上田孝行：交通改善による生活機会の増大が人口移動に及ぼす影響のモデル分析, 土木計画学・論文集, **9**, pp.237-244 (1991)

上田孝行：拡張された立地余剰を用いた一般均衡モデル, 土木計画学研究・論文集, **10**, pp.183-190 (1992)

上田孝行：交通・立地分析モデルによる都市交通プロジェクトの影響分析，日交研シリーズ A-184，日本交通政策研究会（1995）

上田孝行：セミナーの目指すもの，公開セミナー「経済均衡モデルによる公共事業評価—地域の変化を測る—」，運輸政策研究，8-3（2005 a）

上田孝行：経済均衡モデルへの頻出する批判とそれへの暫定的回答，公開セミナー「経済均衡モデルによる公共事業評価—地域の変化を測る—」，運輸政策研究，8-3（2005 b）

上田孝行：「空間経済学」を用いた分析モデルについての解説，国土交通，pp.26-27（Jan. 2008）

上田孝行，堤盛人：わが国における近年の土地利用モデルに関する統合フレームについて，土木学会論文集，No.625/IV-44，pp.65-78（1999）

上田孝行，堤盛人，武藤慎一，山崎清：わが国における応用都市経済モデル—特徴と発展経緯—，応用地域学会第 22 回研究発表会（2008）

上田孝行，武藤慎一，森杉壽芳：自動車交通による外部不経済抑制策の国民経済的評価—静学的応用一般均衡（CGE）と動学的応用一般均衡（DCGE）の比較分析—，運輸政策研究，1-1，pp.39-53（1998）

大野栄治：ランダム効用理論による交通便益の定義とその計測に関する研究，京都大学学位論文（1993）

岡田義昭：開放経済下の新マクロ経済分析—理論的・実証的アプローチ—，成文堂（2009）

奥田隆明：確率論に基づく多地域一般均衡モデル—地域政策分析のための応用一般均衡モデルとして—，地域学研究，24-1，pp.117-131（1994）

奥田隆明：企業の情報収集活動を考慮した応用一般均衡モデルの開発〜交通・情報通信インフラの整備効果分析に向けて〜，土木計画学研究・講演集，22-2，pp.487-490（1999）

奥田隆明，林良嗣：高速道路の整備効果に関する一般均衡分析—CGE モデルを用いた実証分析—，地域学研究，25-1，pp.45-56（1995）

奥田隆明，森杉雅史：商取引に伴う情報収集を考慮した応用一般均衡モデルの開発，土木計画学研究・論文集，17，pp.169-178（2000）

金本良嗣：都市経済学，東洋経済新報社（1997）

金本良嗣・蓮池勝人・藤原徹：政策評価ミクロモデル，東洋経済新報社（2006）

河上哲・土井正幸・Piyush Tiwari：中国における貿易自由化が経済と港湾システムに及ぼす影響—CGE アプローチ—，交通学研究/2001 年研究報告年報（通巻45 号），pp.107-116（2001）

川崎研一：応用一般均衡モデルの基礎と応用―経済構造改革のシミュレーション分析，日本評論社（1999）

栗田啓子：エンジニアエコノミスト，東京大学出版会（1991）

経済産業省：平成7年地域間産業連関表―作成結果報告書―（2001）

小池淳司，右近崇：新潟県中越地震における磐越道・上信越道のリダンダンシー効果，高速道路と自動車，49-7，pp.17-26（2006）

小池淳司，川本信秀：集積の経済性を考慮した準動学SCGEモデルによる都市部交通渋滞の影響評価，土木計画学研究・論文集，23，pp.179-186（2006）

小池淳司，上田孝行，宮下光弘：旅客トリップを考慮したSCGEモデルの構築とその応用，土木計画学研究・論文集，17，pp.237-245（2000）

小池淳司，大田垣聡，土谷和之：空間的応用一般均衡モデルを用いた交通需要予測の事後評価の可能性，土木計画学研究・論文集，24，pp.67-74（2007）

小池淳司，佐藤啓輔，川本信秀：帰着便益分析による道路ネットワーク整備の公平性評価 -RAEM-Lightモデルを用いたアプローチ―，高速道路と自動車，51-12，pp.27-33（2008）

小池淳司，細江宣裕，下村研一，片山慎太郎：独占的競争モデルによる災害の空間的応用一般均衡分析，国民経済雑誌，196-4，pp.1-18（2007）

小林潔司，奥村誠：高速交通体系が都市システムの発展に及ぼす影響に関する研究，土木計画学研究・論文集，13，pp.57-66（1996）

佐々木公明，文世一：都市経済学の基礎，有斐閣アルマ（2000）

柴田貴徳，安藤朝夫：多地域財・価格均衡に基づく中国基幹交通施設設備の効果分析，土木計画学研究・論文集，10，pp.167-174（1992）

柴田貴徳，安藤朝夫，奥村敏夫：中国多地域モデルのための経済指標の既存資料からの推計可能性について，土木計画学研究・講演集，13，pp.45-52（1990）

鈴木俊之，武藤慎一，小川圭一：都市の郊外化抑止と中心市街地活性化のための土地開発規制策評価，土木計画学研究・論文集，19，pp.195-202（2002）

髙木朗義，武藤慎一，太田奈智代：応用都市経済モデルを用いた治水対策の経済評価，河川技術論文集，7，pp.423-428（2001）

髙木朗義，森杉壽芳，上田孝行，西川幸雄，佐藤尚：立地均衡モデルを用いた治水投資の便益評価手法に関する研究，土木計画学研究・論文集，13，339-348（1996）

田口博司，武藤慎一，秋山孝正，髙松諭：経済均衡を前提とした都市環状道路整備による交通現象変化の分析，第21回交通工学研究発表会論文報告集，pp.49-52（2001）

駄田井正：経済学説史のモデル分析，九州大学出版会（1989）

土谷和之，秋吉盛司，小池淳司：SCGE モデルにおける地域間交易の代替弾力性に関する検討，応用地域学会第 19 回研究発表会，明海大学（2005）

土屋哲，多々納裕一，岡田憲夫：交通ネットワークを考慮した SCGE モデルによる地震災害の被害計量化の枠組み，土木計画学研究・講演集，30，CD-ROM（2004）

常木淳：公共経済学，新世社（2002）

戸田常一：土地利用モデルの適用と課題―米国と英国におけるモデル開発を中心として―，土木計画学シンポジウム，18，pp.17-35（1984）

土井正幸：港湾と地域の経済学，多賀出版（2003）

土井正幸，坂下昇：交通経済学　第 I 部　交通のミクロ経済分析，東洋経済新報社（2002）

道路投資の評価に関する指針検討委員会編：道路投資の評価に関する指針(案)（1998）

土木学会編：国際セミナー　土地利用と交通―モデルと政策シミュレーション（1986）

土木学会土木計画学研究委員会編：非集計行動モデルの理論と実際，土木学会（1995）

土木学会土木計画学研究委員会編：交通ネットワークの均衡分析―最新の理論と解法―，土木学会（1998）

土木学会土木計画学研究委員会編：道路交通需要予測の理論と適用　第 I 編　利用者均衡配分の適用に向けて，土木学会（2003）

土木学会土木計画学研究委員会編：道路交通需要予測の理論と適用　第 II 編　利用者均衡配分モデルの展開，土木学会（2006）

中澤淳治：市町村地域産業連関表の作成とその問題点，政策科学，9-2，pp.113-125（2002）

中村英夫：国土調査―地域の調査と分析―，土木学会編　新体系土木工学 50，技法堂出版（1984）

中村英夫編，道路投資評価研究会著：道路投資の社会経済評価，東洋経済新報社（1997）

橋本恭之：税制改革の応用一般均衡分析，関西大学出版部（1998）

橋本恭之：日本財政の応用一般均衡分析，清文社（2009）

林良嗣，土井健司：交通改善に伴う通勤者の便益の土地への帰着分析モデル，土木計画学研究・論文集，6，pp.45-52（1988）

林良嗣，土井健司，奥田隆明：外部経済効果を考慮した都市交通改善がもたらす開発利益の帰着分析モデル，土木学会論文集，407/IV-11，pp.67-76（1989）

秀島栄三，小林潔司：地方生活圏の都市システム構造に関する応用一般均衡モデル，土木計画学研究・講演集，**20**-1，pp.259-262（1997）

平谷浩三，中村英夫，上田孝行，堤盛人：土地と建物の多市場同時均衡に基づく土地利用交通モデル，土木計画学研究・講演集，**16**，pp.545-552（1993）

日吉拓也，河上哲，土井正幸：ノンサーベイ・アプローチによるつくば市産業連関表の作成と応用，産業連関イノベーション&I-Oテクニーク，**12**-1，pp.3-15（2004）

藤川清史：産業連関分析入門—ExcelとVBAでらくらくIO分析—，日本評論社（2005）

古谷知之：土地利用モデルのレビュー，（財）道路経済研究所編，総合的な交通政策・計画の分析評価手法とモデルの展開，道経研シリーズ　A-107，第5章，pp.75-122（2003）

細江宣裕：電力自由化施策の経済効果，運輸政策研究所　公開セミナー（Sep. 2005）

細江宣裕，我澤賢之，橋本日出男：テキストブック　応用一般均衡モデリング—プログラムからシミュレーションまで—，東京大学出版会（2004）

宮尾尊弘：現代都市経済学　第2版，日本評論社（1995）

宮城俊彦：ネスティッド・エントロピーモデルとその応用，土木計画学研究・講演集，**18**-2，pp.163-166（1995）

宮城俊彦：氷解モデルを基礎とした地域間交易モデルの基本構造—応用一般均衡モデルによるアプローチ—，応用地域学研究，**8**-2，pp.15-31（2003）

宮城俊彦，石川良文，由利昌平，土谷和之：地域内産業連関表を用いた都道府県間産業連関表の作成，土木計画学研究・論文集，**20**-1，pp.87-95（2003）

宮城俊彦，小川俊幸：共役理論を基礎とした交通配分モデルについて，土木計画学研究・講演集，**7**，pp.301-308（1985）

宮城俊彦，本部賢一：SCGEモデルによる地域間交易量の推定法に関する研究，土木計画学研究・講演集，**16**，pp.879-886（1993）

宮城俊彦，本部賢一：応用一般均衡分析を基礎にした地域間交易モデルに関する研究，土木学会論文集，530/IV-30，pp.31-40（1996 a）

宮城俊彦，本部賢一，水谷彰秀，大橋謙一：SCGEモデルによる東海北陸自動車道・東海環状自動車道の経済効果測定，土木計画学研究・講演集，**19**-1，pp.189-192（1996 b）

宮沢健一：産業連関分析入門，日本経済新聞社（2002）

宮田讓，佐藤泰久，高橋誠一，山崎尚子：地域経済の一般均衡モデル―CGE モデルからの視点―，土木計画学研究・講演集，**13**，pp.45-52（1990）

宮田讓，渋澤博幸，陳自力：中国エネルギー需給に関する多地域一般均衡分析，土木計画学研究・論文集，**15**，pp.175-186（1998）

武藤慎一，秋山孝正，高木朗義：空間的構造変化を考慮した都市環状道路整備の便益評価，交通学研究/2000年研究報告年報（通巻44号），pp.205-214（2001）

武藤慎一，高木朗義，上田孝行：地球温暖化ガス排出抑制のための土地利用規制策の経済評価，環境システム研究論文集，**29**，pp.47-55（2001）

武藤慎一，上田孝行，岡田英孝，森杉壽芳：動学的応用一般均衡モデルによる自動車交通外部不経済削減政策の国民経済的評価，土木計画学研究・講演集，**21-2**，pp.669-672（1998）

武藤慎一，上田孝行，高木朗義，冨田貴弘：応用都市経済モデルによる立地変化を考慮した便益評価に関する研究，土木計画学研究・論文集，**17**，pp.257-266（2000）

森杉壽芳編著：社会資本整備の便益評価，勁草書房（1997）

森杉壽芳，大島伸弘：幹線交通網形成の簡便な事後評価モデルの提案，土木計画学研究・講演集，**7**，pp.125-132（1985）

森杉壽芳，大野栄治，宮城俊彦：住環境整備による住み替え便益の定義と計測モデル，土木学会論文集，425/IV-14，pp.117-125（1991）

森杉壽芳，林山泰久，小島信二：交通プロジェクトにおける時間便益評価―簡便化手法の実用化と精度の検討―，土木計画学研究・論文集，**4**，pp.149-156（1986）

森杉壽芳，上田孝行，武藤慎一，近藤有一郎：運輸産業を取り入れた応用一般均衡モデルの開発，土木計画学研究・論文集，**13**，pp.349-360（1996）

文世一：地域間人口配分から見た交通ネットワークの評価―集積の経済を考慮した多地域応用一般均衡分析―，東北建設協会研究成果報告書（1997）

文世一：地域幹線道路網整備の評価―集積の経済にもとづく多地域モデルの適用，土木計画学ワンデーセミナー・シリーズ15，応用一般均衡モデルの公共投資評価への適用（1998）

山内弘隆，上田孝行，河合毅治：一般均衡モデルによる高速道路の費用便益分析，高速道路と自動車，**42-5**，pp.22-30（1999）

山崎清，武藤慎一：開発・誘発交通を考慮した道路整備効果の分析，運輸政策研究，**11-2**，pp.14-25（2008）

山崎清，上田孝行，岩上一騎：開発人口及び誘発・開発交通を考慮した東京湾アクアラインの料金値下げ効果の計測，高速道路と自動車，**51-6**，pp.20-32（2008）

山崎清，上田孝行，武藤慎一：開発・誘発交通を考慮した道路整備効果の比較分析，高速道路と自動車，**51**-11，pp.22-33（2008）

山田光男：三重県内地域間産業連関表の推計，産業連関イノベーション&テクニーク，5(4)，pp.52-67（1995）

山田光男：地域産業連関表の推計と活用の方法に関する研究，平成12年度～平成14年度科学研究費補助金（基盤研究(C)(2)）研究成果報告書（2003）

鷲田豊明：環境政策と一般均衡，勁草書房（2004）

찾아 보기

엑셀 강좌시리즈 11

엑셀로 배우는 지역, 도시경제분석

초판인쇄 2016년 11월 4일
초판발행 2016년 11월 11일

편   저 上田 孝行
역   자 홍성희, 홍창국
펴 낸 이 김성배
펴 낸 곳 도서출판 씨아이알

책임편집 박영지, 최장미
디 자 인 윤지환, 윤미경
제작책임 이헌상

등록번호 제2-3285호
등 록 일 2001년 3월 19일
주   소 (04626) 서울특별시 중구 필동로8길 43(예장동 1-151)
전화번호 02-2275-8603(대표)
팩스번호 02-2275-8604
홈페이지 www.circom.co.kr

I S B N 979-11-5610-253-3 93320
정   가 20,000원